Take Me to the Lakes
WEEKENDER EDITION
BERLIN

THE GENTLE TEMPER

OST

NORD

OSTSEE

RÜGEN

OSTSEE

POLEN

Rostock

Greifswald

Schwerin

Waren (Müritz)

Neustrelitz

Prenzlau

Gerswalde

Templin

Neuruppin

Eberswalde

Wandlitz

BERLIN

Brandenburg
an der Havel

Potsdam

Fürstenwalde (Spree)

BRANDENBURG

WEST

20 km

N
W X O
S

OST

SÜD

Vorwort

Als wir im Frühjahr 2017 mit unserer ersten Publikation 50 Seen im Berliner Umland vorgestellt haben, wussten wir bereits, dass es noch mehr zu erzählen gibt: Nicht nur die Badestellen haben es uns angetan, sondern auch die Ferienhäuser, Hotels und Bauernhöfe an ihren Ufern.

Es zog uns von Berlin über den Süden Brandenburgs bis hin zur Ostsee. Entlang der Felder und Wiesen sind wir auf neue, versteckte Seen gestoßen, haben frisch gebackenen Obstkuchen probiert, sind auf Feldwegen durch die beinahe unberührte Natur gewandert und haben Mittagsschlaf unter Kastanien gehalten. Oft war es danach schon zu spät, um umzukehren. Und so wurden unsere Tagesausflüge zu Wochenendtrips.

In der *Weekender Edition Berlin* stellen wir die 50 schönsten Unterkünfte in Wassernähe vor, die wir auf unserem Weg entdeckt haben. Ob liebevoll sanierte Bauernhöfe, Architektenhäuser, stilvoll eingerichtete Apartments oder idyllische Hotels – wir porträtieren die Menschen, die sie betreiben, und gewähren einen persönlichen Einblick in ihr Leben auf dem Land.

Es ist kein Geheimnis, dass aus der einstigen „Landflucht" in den letzten Jahren eine „Wochenendflucht aufs Land" geworden ist. Designer und Architekten, die eigentlich Berlin und Hamburg ihr zu Hause nennen, haben sich im Umland neu eingerichtet und alles mitgebracht, was man braucht. Aber auch Alteingesessene, die in ihren Dörfern groß geworden sind, verraten bewährte Tipps, die man in keinem Reiseführer findet. Dank ihrer Empfehlungen fühlt sich jeder Aufenthalt nach mehr als einem Kurzurlaub an.

OST

The Gentle Temper
Design Book Publishing

WEST

The Gentle Temper ist ein unabhängiger Berliner Verlag mit Fokus auf Design, Reisen und Kultur. Der Verlag konzentriert sich in seinen Veröffentlichungen auf das Ziel, die Beziehungen zwischen Mensch, Natur und den Dingen, die uns täglich umgeben, ästhetisch ansprechend und kulturell wertvoll zu gestalten.

Seitdem es Städte gibt, besteht die urmenschliche Sehnsucht nach Auszeit – über Geschichten, Eindrücke und Momentaufnahmen will The Gentle Temper auf dieses Bedürfnis reagieren. In einer Epoche des Informationsüberflusses liegt der Fokus deshalb auf der Präsentation ausgewählter Nischenpublikationen, die haptischen Lesegenuss und Entschleunigung versprechen.

Dabei vertraut The Gentle Temper auf die Stärken von Print, will aber gleichzeitig die digitale Gegenwart nicht ausblenden: Es geht nicht um die Konkurrenz von Papier und Displays, sondern die Verknüpfung und Ergänzung beider Erfahrungswelten.

Aus diesem Grund setzt The Gentle Temper Projekte um, die dazu auffordern, selbst unmittelbar aktiv zu werden. Vernetzung und Dialog sind dabei ebenso wichtig wie ein Lesegefühl, das mehr verlangt als kurzes Scrollen. Auf der Suche nach diesen Augenblicken bietet sich The Gentle Temper als Begleiter an.

OST

Beschreibungen

WEST

ÖV	Öffentliche Verkehrsmittel
Apartment	Voll ausgestattete Wohnung in einem Haus, nicht freistehend. Selbstverpflegung.
Haus	Voll ausgestattete ganze Unterkunft, freistehend. Selbstverpflegung.
Hotel	Zimmer mit Bad. Service wie Frühstück und Abendessen. Keine Selbstverpflegung.
Pension	Zimmer mit Bad. Service beschränkt sich in der Regel nur auf Frühstück. Teilweise Selbstversorgung.

Die Unterkünfte sind ausgehend vom Berliner Zentrum nach Himmelsrichtungen geordnet. In den vier Kapiteln Norden, Süden, Osten und Westen stellen wir unterschiedliche Unterkünfte vor und beschreiben ihre Gastgeber, Geschichte und Umgebung.

Um die Dauer der Anreise abschätzen zu können, führen wir unter den Texten die ungefähre Fahrzeit mit dem Auto oder den öffentlichen Verkehrsmitteln (ÖV) in Minuten auf. Jede Unterkunft wird durch eine schematische Karte ergänzt.

Damit der Weg zum See nicht zur Irrfahrt wird, sind die Geodaten der umliegenden Gewässer einzeln aufgeführt. Die Koordinaten gibt man bei einem Online-Kartendienst ein, der die Route berechnet. Weitere Informationen unter: *www.takemetothelakes.com*

WEST

NORDEN

OST

OST

APARTMENT

Bootschaft Studios Lychen

OST

LAGE
96 km vom Berliner Zentrum
Anbindung an den ÖV: Markt, Lychen
17279 Lychen

Bootschaft Studios Lychen

UMGEBUNG
A Großer Lychensee
B Oberpfuhl See
C Wurlsee
D Zenssee

Als Beinamen trägt Lychen die Bezeichnung „Flößerstadt". Kein Wunder, schließlich liegt der Ort im Naturpark Uckermärkische Seen, wo er von Wasser und Natur umgeben ist. Hier haben der Architekt Helmut Bergsträßer und der Softwareberater Carsten Wetzel eine kleine Wohlfühloase geschaffen.

Ursprünglich diente das Haupthaus der „Bootschaft Studios", in denen die beiden selbst leben, als Böttcherei. 2013 erwarben sie das Gebäude von der Enkelin des Erbauers und gestalteten es nach ihren Vorstellungen um: Entstanden ist ein Rückzugsort, an dem Architektur, Design, Komfort und Natur zusammenspielen. In zwei Anbauten auf der Hofseite richteten sie insgesamt vier Studios mit Ausblick auf den Oberpfuhl See ein. Kostenlose Kajaks und Fahrräder warten hier auf die Gäste.

Sechs Seen finden sich in der näheren Umgebung. Badestellen liegen beispielsweise am Zenssee (IV, V), Großen Lychensee (I) und Wurlsee (II, III). Nach einem Tag in der Natur laden der Garten und die Gemeinschaftsterrasse mit Blick auf den Oberpfuhl See zum Entspannen ein.

Auto < 90 Min.; ÖV < 120 Min.

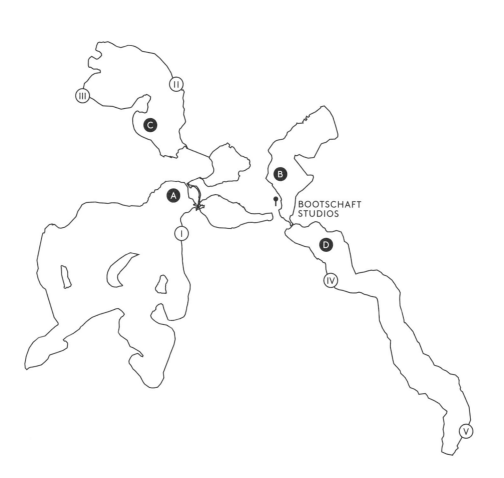

BOOTSCHAFT
STUDIOS

OST

BADESTELLEN

I: 53.206436, 13.301287

II: 53.221097, 13.301321

III: 53.221428, 13.282803

IV: 53.202855, 13.328142

V: 53.185662, 13.353376

WEST

Gastgeber: Helmut Bergsträßer & Carsten Wetzel
Templiner Straße 3, 17279 Lychen
Der Mindestaufenthalt beträgt zwei Nächte.
+49 (0) 174 9734292
+49 (0) 39888 479960

booking@bootschaftlychen.de
www.bootschaftlychen.de

OST

APARTMENT/HAUS

Das
blaue Pferd

LAGE

60 km vom Berliner Zentrum
Anbindung an den ÖV: OSZ, Zehdenick
16792 Zehdenick

Das
blaue Pferd

UMGEBUNG
A Eichlerstich
B Waldstich

Ein Haus auf dem Land, in dem sie frei arbeiten und aus-
spannen konnte, hatte sich die Künstlerin Elisophie Eulenburg schon immer gewünscht. 2015 wurde ihr Traum wahr:
Sie erwarb einen denkmalgeschützen Vierseithof im Westen
des Biosphärenreservats Schorfheide-Chorin und verwandelte
ihn mit befreundeten Künstlern in einen kreativen Rückzugsort. Seinen Namen verdankt „Das blaue Pferd" einer kleinen,
blauen Tonfigur, die beim Umgraben entdeckt wurde.
      Wer auf der Suche nach einer Auszeit ist, wird in Eulen-
burgs Domizil glücklich: Platz gibt es für zehn Personen – je
nach Bedarf werden zwei Zimmer für bis zu drei Personen
oder gleich die ganze Unterkunft vermietet. Wie viel Wert
die Gastgeberin auf Design und Nachhaltigkeit legt, wird
mit einem Blick auf das Interieur deutlich: Dielenböden, historische Kachelöfen und ausgewählte Möbel, die nicht selten
upcycelt wurden, bestimmen die Einrichtung.
      Entspannen kann man zwischen Kräutern und Obstbäumen
im Hofgarten; wer es aktiver mag, erkundet die Umgebung.
Egal ob man auf dem „Berlin-Kopenhagen-Radweg" fährt,
eine Kanufahrt auf der Havel unternimmt, in den Waldstich
im Waldbad Zehdenick (II) oder in den Eichlerstich (I)
springt – die Gegend verspricht einmalige Naturerlebnisse.

Auto 60 < Min.; ÖV < 105 Min.

OST

DAS BLAUE PFERD

BADESTELLEN
I: 53.012126, 13.337051
II: 53.000421, 13.343312

SÜD

WEST

Gastgeberin: Elisophie Eulenburg
16792 Zehdenick
Der Mindestaufenthalt beträgt drei Nächte,
in Schulferienzeiten fünf Nächte.

info@das-blaue-pferd.de
www.das-blaue-pferd.de

WEST

HAUS

Das schwarze Haus

OST

LAGE
100 km vom Berliner Zentrum
Anbindung an den ÖV: Seehausen, Uckermark; Prenzlau
17268 Gerswalde

Das schwarze Haus

UMGEBUNG

A Oberuckersee
B Pinnower See
C Potzlower See
D Sternhagener See
E Unteruckersee

Wer davon träumt, in einem preisgekrönten Haus zu übernachten, muss nicht länger suchen. Zwischen Pinnow und Sternhagen hat der Berliner Architekt Thomas Kröger im Auftrag der Designprofessorin Johanna Michel und des Ingenieurs Dirk Preuß „Das schwarze Haus" errichtet. Von außen wirkt es mit seinem Satteldach wie ein Bau aus der amerikanischen Prärie. Dabei hat der Architekt sich bei der Planung am regionalen Stil orientiert: Die Holzverschalung zitiert die Ställe und Scheunen, die bis heute die Umgebung bestimmen.

Im Inneren wecken die raumhohen Glasfassaden das Gefühl, die grüne Weite der Uckermark ins Wohnzimmer geholt zu haben. Zimmer im eigentlichen Sinn gibt es nicht, eher Wohnzonen, die sich anpassen lassen. So geht die offene Küche nahtlos in einen Loungebereich über.

Insgesamt bietet das Haus Raum für zehn Personen. Ein offener Kamin sorgt an kühlen Tagen für Gemütlichkeit, im Sommer lädt das 5000 m² große Grundstück mit seinem kleinen Soll, einem Resttümpel aus der Endmoränenzeit, zum Entspannen ein.

Baden kann man auch in den umliegenden Gewässern wie dem Pinnower See (IV), dem Sternhagener See (VI; VII) dem Potzlower See (V), dem Oberuckersee (I, II, III) und dem Unteruckersee (VIII).

Auto < 90 Min.; ÖV < 120 Min.

OST

DAS SCHWARZE HAUS

BADESTELLEN

I: 53.177918, 13.870664

II: 53.181270, 13.871041

III: 53.186879, 13.851956

IV: 53.214030, 13.793241

V: 53.215824, 13.843390

VI: 53.243974, 13.776772

VII: 53.233065,13.779946

VIII: 53.306496, 13.861129

SÜD

Gastgeber: Johanna Michel & Dirk Preuß
Pinnow 26a, 17268 Gerswalde
Mindestaufenthalt je nach Termin und Saison.
+49 (0) 9333 222562
+49 (0) 177 8040600

buchung@dasschwarzehaus.de
www.dasschwarzehaus.de

OST

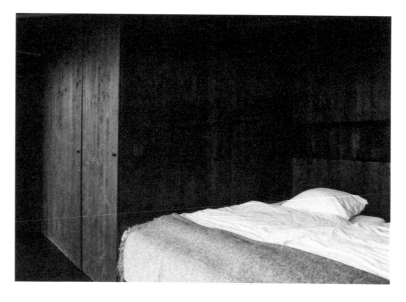

HAUS

Das Sternhagener Haus

LAGE
106 km vom Berliner Zentrum
Anbindung an den ÖV: Seehausen, Uckermark; Prenzlau
17291 Nordwestuckermark

WEST

Das Sternhagener Haus

UMGEBUNG
A Oberuckersee
B Pinnower See
C Potzlower See
D Sternhagener See
E Unteruckersee

Auf 200 Jahre Geschichte kann das Sternhagener Bauernhaus mit Stall und Scheune zurückschauen, das von der Designerin Bettina Lempelius und ihrem Mann, dem Architekten Philipp Kiehn, umgebaut wurde. Historische Details haben die beiden erhalten, so dass das Haus mit seinen minimalistischen Formen aus der Zeit gefallen und doch modern wirkt. In den hellen, offenen Räumen können bis zu acht Personen gleichzeitig übernachten, in der freistehenden Badewanne entspannen oder vor dem Kamin lesen.

Im Sommer grillt man umgeben von Obstbäumen und Fliederbüschen auf dem 5000 m² großen Grundstück oder spaziert zum Sternhagener See, wo am Westufer (VII) oder an der Waldwiese im Süden (VI) die schönsten Badestellen versteckt sind.

In der Seenfischerei Trellert stärkt man sich anschließend mit dem Fang des Tages, mietet ein Boot und lässt sich über den See treiben. Ein Besuch im Hofladen von Stephan Zoch lohnt sich ebenfalls: Freitags und samstags verkauft der Bauer Marmelade, Honig und Eier, aber auch frisches Fleisch und Kartoffeln.

Wer sich nach Abwechslung sehnt, erkundet das Nordufer des Pinnower Sees (IV). Weitere Badestellen finden sich am Potzlower See (V), Oberuckersee (I, II, III) und Unteruckersee (VIII).

Auto < 90 Min.; ÖV < 120 Min.

OST

 DAS STERNHAGENER HAUS

BADESTELLEN

I: 53.177918, 13.870664

II: 53.181270, 13.871041

III: 53.186879, 13.851956

IV: 53.214030, 13.793241

V: 53.215824, 13.843390

VI: 53.233065, 13.779946

VII: 53.243974, 13.776772

VIII: 53.306496, 13.861129

SÜD

WEST

Gastgeber: Bettina Lempelius & Philipp Kiehn
Pinnower Weg 4, 17291 Nordwestuckermark
In der Hauptsaison beträgt der Mindestaufenthalt
zwei Nächte.

kontakt@dassternhagenerhaus.de
www.dassternhagenerhaus.de

PENSION

Forsthaus Strelitz

OST

LAGE
105 km vom Berliner Zentrum
Anbindung an den ÖV: Neustrelitz Hbf
17235 Neustrelitz

Forsthaus Strelitz

WEST

Gelernt hat Wenzel Pankratz in den Sterneküchen von Berlin und Kitzbühel, jetzt kehrt er zu seinen Wurzeln zurück: In Mecklenburg führt der Mittzwanziger seit 2014 das Forsthaus Strelitz, das einst von seinem Vater betrieben wurde.

Gemeinsam mit seiner Mutter und Schwester kümmert er sich um das Wohl seiner Gäste, die in acht stilvoll eingerichteten Doppelzimmern sowie einem kleinen freistehenden Häuschen einziehen können. Die freilaufenden Hühner und Esel verleihen dem Forsthaus ein Ambiente wie aus dem Bilderbuch.

Auf den Teller kommt morgens und abends das, was die Region zu bieten hat: Pankratz fermentiert, schlachtet, presst eigene Säfte und kocht auf einem mit Holz befeuerten Herd – die Zutaten bezieht er aus dem Garten oder von befreundeten Landwirten und Jägern. Seine regionalen Menüs ziehen mittlerweile nicht nur Nachbarn aus dem Dorf, sondern auch Gäste aus der ganzen Welt an.

Wer genug geschlemmt hat, erkundet die umliegenden Seen wie den Domjüchsee (I), den Großen Fürstenseer See (II), den Großen Prälanksee (III) oder den Klugen See (IV, V). Fahrräder leiht man am besten bei Familie Pankratz, die auf Wunsch auch einen Picknickkorb mit regionalen Spezialitäten füllt.

Auto < 90 Min.; ÖV < 105 Min.

OST

FORSTHAUS STRELITZ

BADESTELLEN
I: 53.325602, 13.137743
II: 53.303026, 13.149746
III: 53.361908, 13.005660
IV: 53.296909, 13.075280
V: 53.295301, 13.080036

Gastgeber: Wenzel Pankratz
Berliner Chaussee 1, 17235 Neustrelitz
+49 (0) 3981 447135

info@forsthaus-strelitz.de
www.forsthaus-strelitz.de

OST

SÜD

PENSION

Gasthof zum grünen Baum

LAGE
116 km vom Berliner Zentrum
Anbindung an den ÖV: Prenzlau
17268 Boitzenburger Land

Gasthof zum grünen Baum

UMGEBUNG
A Haussee
B Krewitzsee
C Küchenteich am Schloss Boitzenburg
D Schumellensee

Über 30 Jahre lang stand der „Gasthof zum grünen Baum" in Boitzenburg leer, ehe der Architekt Carsten Frerich und die Grafik-Designerin Ulrike Hesse das Gebäude von Grund auf saniert haben. Seit Anfang 2014 findet sich im ehemaligen Pferdestall ein kleines Restaurant, in dem Gerichte aus frischen Zutaten serviert werden, die fast immer direkt vom Feld kommen. Regionale Spezialitäten hält auch der kleine Hofladen bereit.

Ein Crossover aus Alt und Neu überwiegt bei der Einrichtung der fünf Doppelzimmer: Holzbalken, Lehmputz, rustikale und moderne Möbelstücke schaffen eine gemütliche Atmosphäre.

Die Gegend erkundet man am besten zu Fuß: Der 19,5 Kilometer lange „Doppelte Boitzenburger" wurde 2009 zum schönsten Wanderweg Deutschlands gekürt. Auch mit dem Fahrrad lässt sich die Region erschließen: Die „Spur der Steine" verläuft größtenteils auf einem alten Bahndamm mitten durch den Naturpark von Templin nach Warbende.

Auf dem „Uckermärkischen Radrundweg" geht es durch die Feldberger Seenlandschaft zurück ins Boitzenburger Land. Wer am Wasser eine Pause einlegen will, findet Badestellen am Küchenteich nahe dem Schloss Boitzenburg (III), am Krewitzsee (II), am Schumellensee (IV) und am Haussee (I).

Auto < 75 Min.; ÖV < 120 Min.

OST

GASTHOF ZUM GRÜNEN BAUM

BADESTELLEN
I: 53.250246, 13.517244
II: 53.289480, 13.550328
III: 53.261158, 13.600080
IV: 53.254974, 13.579937

SÜD

WEST

OST

Gastgeber: Ulrike Hesse & Carsten Frerich
Templiner Straße 4, 17268 Boitzenburger Land
+49 (0) 39889 569995

tachschoen@boitzenburger.de
www.boitzenburger.de

APARTMENT/HOTEL

Gut Boltenhof

OST

LAGE
90 km vom Berliner Zentrum
Anbindung an den ÖV: Boltenhof, Fürstenberg (Havel)
16798 Fürstenberg/Havel

Gut Boltenhof

UMGEBUNG
A Haussee

Auf „Gut Boltenhof" im Ruppiner Seenland hat Familie Riest ein Urlaubsdomizil geschaffen, in dem die Zeit ein wenig langsamer vergeht. Der Besucher hat die Wahl: Entweder bezieht er eine der zehn modernisierten Ferienwohnungen für vier bis acht Personen, in denen einst Arbeiter wohnten, oder er kommt in einem der neun Zimmer im Landhotel des alten Gutshauses unter. Das prämierte Brandenburger Zimmer, in dem Brandenburg in jedem Möbelstück und Accessoire wiederzuerkennen ist, macht das Bundesland auf neue Art erlebbar.

Seit 1997 steht für die Gastgeber Selbstversorgung im Mittelpunkt: Wer möchte, kann aktiv Teil des Hofbetriebs werden. Familien kommen hier besonders auf ihre Kosten, denn Kinder dürfen Bauer Uwe beim Traktorfahren, der Ernte und der Versorgung der Hühner, Kühe und Ziegen begleiten.

Um die Gegend zu erkunden, stellen die Riests Fahrräder und Boote zur Verfügung. Der nah gelegene Haussee in Barsdorf sorgt an sonnigen Tagen für die nötige Erfrischung (I). Nach der Erkundungstour stärkt man sich im hauseigenen Café und Restaurant „Gutess" mit frischen, regional inspirierten Gerichten.

Auto < 75 Min.; ÖV < 135 Min.

N
W ✕ O
S

❢ GUT BOLTENHOF

OST

BADESTELLE
I: 53.110243, 13.290132

Gastgeber: Andrea & Jan-Uwe Riest
Lindenallee 14, 16798 Fürstenberg/Havel
+49 (0) 33087 52520

info@gutboltenhof.de
www.gutboltenhof.de

OST

WEST

APARTMENT/HAUS

Gut Fergitz

LAGE
100 km vom Berliner Zentrum
Anbindung an den ÖV: Wilmersdorf Bahnhof, Angermünde
17268 Gerswalde

Gut Fergitz

UMGEBUNG
A Oberuckersee
B Potzlower See
C Wrietzensee

Bis 1945 gehörte das Anwesen der Adelsfamilie von Arnim und diente als Vorwerk zu Schloss Suckow, ehe die LPG Kaakstedt zu DDR-Zeiten hier Kälber züchtete.

Im Jahr 2001 erwarb der Berliner Architekt Ferdinand von Hohenzollern das Grundstück am Oberuckersee mit seiner Frau, der Künstlerin Ilona Kálnoky, und errichtete auf den Ruinen von Siedlerhäusern zwei moderne Kuben mit je zwei Ferienwohnungen, die seit 2014 vermietet werden. Ein an die Parkscheune angebauter historischer Bauernhof bietet als Ferienhaus genug Platz für größere Gruppen. In der Parkscheune finden gelegentlich Kulturveranstaltungen statt.

Von der Wiese und den Wohnungen aus hat man einen freien Blick über den Oberuckersee und die hügelige Landschaft am gegenüberliegenden Ufer. Die Badestelle „Karl Flach" liegt fußläufig nur wenige Minuten vom Gut entfernt (III).

Am Ostufer des Oberuckersees kann man ebenfalls baden gehen (I), genauso wie am nahe gelegenen Potzlower See (IV) und Wrietzensee (V). Wer genug geschwommen ist, beobachtet den Sonnenuntergang vom Steg am Campingplatz (II).

Auto < 75 Min.; ÖV < 90 Min.

GUT FERGITZ

OST

BADESTELLEN

I: 53.181270, 13.871041

II: 53.177918, 13.870664

III: 53.186879, 13.851956

IV: 53.215824, 13.843390

V: 53.175445, 13.834937

WEST

Gastgeber: Ilona & Ferdinand von Hohenzollern
Ort Fergitz 1–4, 17268 Gerswalde
Der Mindestaufenthalt beträgt zwei Nächte, in
Ferienzeiten eine Woche.
+49 (0) 171 2617747

mail@gut-fergitz.de
www.gut-fergitz.de

OST

WEST

APARTMENT

Gut
Wolletz

OST

LAGE
100 km vom Berliner Zentrum
Anbindung an den ÖV: Wolletz Mitte, Angermünde
16278 Angermünde

Gut Wolletz

UMGEBUNG
A Heiliger See
B Wolletzsee

Den ehemaligen Schafstall von Gut Wolletz haben Lisa Fiege und ihre Schwiegertochter Anna mit viel Liebe zum Detail in ein Gästehaus verwandelt: In den fünf Ferienwohnungen, die alle über eine kleine Terrasse verfügen, finden zwei bis vier Personen Platz.

Von hier aus reicht der Blick über die Wiesen und Wälder des Biosphärenreservats Schorfheide-Chorin – eine Gegend, die man am besten mit dem Fahrrad oder zu Fuß erkundet. Direkt vor dem Gutshaus verläuft der „Radweg Berlin-Usedom", der bis an die Ostsee führt.

Wer die Natur lieber vom Wasser aus entdecken will, kann sich vor Ort Kanus und Ruderboote leihen. An heißen Tagen sonnt man sich an den zwei kleinen Badestellen am Wolletzsee (II, III). Das Strandbad Wolletzsee am östlichen Ufer (IV) sowie die Badestelle am Heiligen See (I) erreicht man in wenigen Minuten mit dem Fahrrad.

Nach ein paar Stunden im Grünen lädt „KaffeeKonsum" zur Stärkung ein: Lisa Fiege hat die ehemalige DDR-Verkaufsstelle wiederbelebt. Seit 2012 bietet sie für Radler, Nachbarn und Gäste wieder „Waren des täglichen Bedarfs" an – wie hausgemachte Kuchen, Burger und Wildschwein-bratwürste. Wer morgens frische Brötchen möchte, bestellt sie am Vortag beim Bäcker im benachbarten Dorf Angermünde und bekommt sie pünktlich zum Frühstück geliefert. Fleisch- und Wurstwaren in Bioqualität gibt es im Hofladen auf Gut Kerkow.

Auto < 90 Min.; ÖV < 105 Min.

GUT WOLLETZ

OST

SÜD

BADESTELLEN
I: 53.013296, 13.870830
II: 53.023490, 13.898622
III: 53.024003, 13.897071
IV: 53.022610, 13.947616

NORD

WEST

Gastgeberin: Lisa Fiege
Zur Kastanienallee 13b, 16278 Angermünde
Der Mindestaufenthalt beträgt in der Hauptsaison
eine Woche, sonst drei Nächte.
Kein Mindestaufenthalt für Einraumapartments.

mail@gutwolletz.de
www.gutwolletz.de
www.kaffee-konsum.de

OST

SÜD

WEST

APARTMENT/PENSION

Gutshaus Lexow

LAGE
150 km vom Berliner Zentrum
Anbindung an den ÖV: Inselstadt Malchow
17209 Lexow

Gutshaus Lexow

UMGEBUNG
A Fleesensee
B Großer Kreßinsee
C Kölpinsee
D Müritz
E Plauer See

WEST

Das denkmalgeschützte „Gutshaus Lexow" inmitten der Mecklenburgischen Seenplatte kann auf eine lange Geschichte zurückblicken: Seit dem 14. Jahrhundert und bis zum Jahr 1918 gehörte das Gut Lexow zum Grundbesitz des Dobbertiner Klosters. Bettina Buschow und Patrick Oldendorf erwarben 2007 das 1874 erbaute Pächterhaus und sanierten es drei Jahre lang mit dem Ziel, seinen ursprünglichen Charme beizubehalten.

Heute können in sechs Apartments zwei bis acht Personen übernachten. Im „Alten Küchenhaus" und der „Stellmacherei" finden sich sieben Doppelzimmer für Bed & Breakfast-Gäste. Für das leibliche Wohl wird im hauseigenen Restaurant und Café gesorgt, wo auch das Frühstück serviert wird.

Besonders schön schwimmt man am Fleesensee (I, II), am Großen Kreßinsee (III), am Kölpinsee (IV), an der Müritz (V, VI, VII, VIII, IX) und am Plauer See (X, XI). Ausflüge nach Malchow oder zur Fischerei und Räucherei Alt-Schwerin am Plauer See sollte man sich nicht entgehen lassen. Abends lockt im „Gutshaus Lexow" das „Abendbrot" mit täglich wechselnden Menüs aus regionalen Zutaten.

Auto < 105 Min.; ÖV < 150 Min.

BADESTELLEN

I: 53.486776, 12.437049

II: 53.494521, 12.496501

III: 53.408830, 12.500139

IV: 53.512098, 12.615352

V: 53.486364, 12.632937

VI: 53.479188, 12.626972

VII: 53.430930, 12.582283

VIII: 53.396537, 12.626074

IX: 53.393614, 12.626908

X: 53.468110, 12.347615

XI: 53.488818, 12.320009

WEST

Gastgeber: Bettina Buschow & Patrick Oldendorf
Dorfstraße 29–30, 17209 Lexow
Der Mindestaufenthalt ist je nach Saison unterschiedlich.
+49 (0) 381 20363696
+49 (0) 175 5608850

info@gutshaus-lexow.de
www.gutshaus-lexow.de

OST

WEST

HAUS

Gutshof Kraatz

OST

LAGE
130 km vom Berliner Zentrum
Anbindung an den ÖV: Kraatz Dorf, Nordwestuckermark
17291 Nordwestuckermark

Gutshof Kraatz

UMGEBUNG
A Dammsee
B Großer See

Edda Müller und Florian Profitlich haben mit ihrem Gutshof einen Ort geschaffen, an dem man sich in die Vergangenheit zurückversetzt fühlt. Gemeinsam sanierten sie das Anwesen im kleinen Dorf Kraatz, um das historische Gebäude stilecht zu erhalten.

Entstanden sind zwei Ferienhäuser: die Wagenremise, in der bis zu sechs Personen übernachten können, und das Bauernhaus, das bis zu acht Personen Platz bietet. Konserviert wird auf dem Gutshof aber nicht nur denkmalgeschützte Architektur, Edda Müller und Florian Profitlich widmen sich auch alten Streuobstsorten, die andernorts nur noch selten angebaut werden: Auf der Suche nach komplexen Aromen und einmaligen Geschmackserlebnissen experimentieren sie mit handverlesenen historischen Apfelarten wie der Adams Parmäne oder der Roten Sternrenette. In ihrer Kelterei entstehen so außergewöhnliche Weine, Säfte, Brände, und Schaumweine, die sich die Gäste im hofeigenen Restaurant schmecken lassen können.

In der Weinschänke wird regional gekocht, samstags und sonntags gibt es Frühstück und hausgebackenen Kuchen. In der Umgebung laden Wälder, Wiesen und Seen zu Spaziergängen und Radtouren ein. Badestellen finden sich am Dammsee (I) und am Großen See (II).

Auto < 105 Min.; ÖV < 150 Min.

GUTSHOF KRAATZ 📍

OST

BADESTELLEN
I: 53.413588, 13.616734
II: 53.393408, 13.580374

SÜD

WEST

Gastgeber: Edda Müller & Florian Profitlich
Schloßstraße 7, 17291 Nordwestuckermark
Der Mindestaufenthalt beträgt zwei Nächte.
+49 (0) 39859 63976

info@gutshof-kraatz.de
www.gutshof-kraatz.de

OST

SÜD

HAUS

WEST

Hans und Otto

LAGE
275 km vom Berliner Zentrum
Anbindung an den ÖV: Born a. Darß Mitte
18375 Born a. Darß

Hans und Otto

UMGEBUNG
A Bodstedter Bodden
B Ostsee
C Saaler Bodden

Auf der Ostseehalbinsel Darß, unmittelbar am Nationalpark Vorpommersche Boddenlandschaft, liegt das Dorf Born. Umgeben von Wald, Wiese und Wasser stehen hier die beiden Ferienhäuser „Hans und Otto", die in ökologischer Holzbauweise erbaut wurden.

„Hans" bietet Raum für sechs, „Otto" Platz für vier Personen. Beide Häuser stehen auf einem gemeinsamen Grundstück, so dass die Unterkünfte auch gemeinsam von Gruppen bis zu zehn Personen genutzt werden können. Im Erdgeschoss sitzt man im offenen Wohn-, Ess- und Kochbereich zusammen und genießt den Blick ins weite Grün, in der ersten Etage finden sich die Schlafzimmer.

In der Umgebung kommen Naturliebhaber auf ihre Kosten: Zu Fuß gelangt man zum Saaler und Bodstedter Bodden sowie zum Nationalpark. Ein Ausflug zum zwei Kilometer entfernten Darßer Wald und dem feinsandigen Weststrand lohnt sich ebenfalls (IV). Nicht weit von den beiden Häusern kann man sich am Saaler Bodden (V) SUP-Boards und Kanus ausleihen oder einen Kitesurfkurs belegen.

Eine ruhige Badestelle am Bodstedter Bodden findet sich am östlichen Ortsrand (I). Weitere Badestellen liegen in Wieck auf dem Darß (II) und Fuhlendorf (III).

Auto < 165 Min.; ÖV < 300 Min.

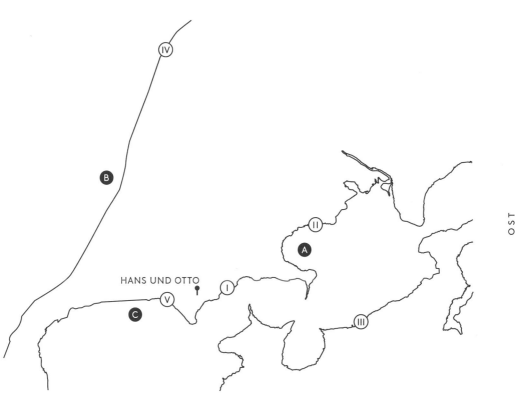

HANS UND OTTO

OST

SÜD

BADESTELLEN

I: 54.386672, 12.543152

II: 54.409071, 12.593699

III: 54.374203, 12.624239

IV: 54.473381, 12.500117

V: 54.381683, 12.500832

WEST

Gastgeber: Nils Meyer-Ohlendorf
Nordstraße 30a, 18375 Born a. Darß
Der Mindestaufenthalt beträgt während der Ferienzeit
eine Woche, sonst je nach Termin zwei bis drei Nächte.
+49 (0) 38220 666788
+49 (0) 176 43061276

Buchung über www.meerfischland.de
info@meerfischland.de
keinebuchung@hansundotto.de
www.hansundotto.de

OST

HAUS

Haus
Wieckin

OST

LAGE
280 km vom Berliner Zentrum
Anbindung an den ÖV: Prerower Straße, Wieck a. Darß
18375 Wieck a. Darß

Haus Wieckin

UMGEBUNG
A Bodstedter Bodden
B Ostsee
C Saaler Bodden

Auch wenn die Anreise aus Berlin etwas länger dauert, lohnt sich der Weg in das romantische Fischerdorf Wieck auf der Halbinsel Fischland-Darß-Zingst. Dort wartet das Haus „Wieckin" auf jeden, der Erholung sucht. Insgesamt können hier bis zu vier Personen entspannen. Aber nicht nur die Nähe zur Ostsee zeichnet das Haus aus, auch die Bauweise macht die Unterkunft zu einem Hingucker.

Für den Entwurf haben die Eigentümer Kerstin Reetz-Schulz und Stefan Schulz den Berliner Architekten Norbert Möhring beauftragt, der in der Region bereits bekannt ist. Im Inneren lädt die gut ausgestattete Küche zum gemeinsamen Kochen ein. Große Fenster sorgen für natürliches Licht.

Die unberührte Natur im Nationalpark Vorpommersche Boddenlandschaft bestimmt die Umgebung, die man am besten mit dem Fahrrad erkundet. Gebadet wird im Bodstedter Bodden in Wieck auf dem Darß (II), in Born auf dem Darß (I) und Fuhlendorf (III). Auch am Saaler Bodden findet sich eine Badestelle (V).

Durchquert man den Darßwald findet man an der Ostseeküste den langgezogenen Weststrand (IV), der vom Fernsehsender Arte zu einem der 20 schönsten Strände weltweit gekürt wurde. An diesem etwa 13 Kilometer langen Sandstrand ist die Wahrscheinlichkeit hoch, ein einsames Plätzchen zu finden.

Auto < 180 Min.; ÖV < 300 Min.

HAUS WIECKIN

OST

BADESTELLEN
I: 54.386672, 12.543152
II: 54.409071, 12.593699
III: 54.374203, 12.624239
IV: 54.473381, 12.500117
V: 54.381683, 12.500832

Gastgeber: Kerstin Reetz-Schulz & Stefan Schulz
Kielstraße 11, 18375 Wieck a. Darß
Der Mindestaufenthalt beträgt drei Nächte.
+49 (0) 351 2061366
+49 (0) 172 9712727

urlaub@wieckin.de
www.wieckin.de

OST

HAUS

Herrenhaus Röddelin

LAGE

85 km vom Berliner Zentrum

Anbindung an den ÖV: Röddelin Dorf, Templin

17268 Templin

OST

Herrenhaus Röddelin

UMGEBUNG
A Großer Mahlgastsee
B Röddelinsee

Was wünscht man sich mehr als ein Haus am See mit eigenem Steg? Das „Herrenhaus Röddelin" macht diesen Traum wahr. Auf einem Hügel thront das weitläufige Anwesen, das Gäste über eine kleine Allee willkommen heißt.

Bis in die 1930er Jahre diente es als Sommerhaus für den Berliner Fondsmakler Botho Müller, ehe die Eigentümer enteignet wurden und das Anwesen zunächst als Offizierskasino und später als Unterkunft des SED-Bürgermeisters genutzt wurde. Nach der Restitution entschied die Familie, das Haus zu verkaufen. David Jackson erwarb und sanierte es.

Heute können auf der 320 m² großen Wohnfläche bis zu zehn Personen in fünf Doppelzimmern übernachten, die sich in den oberen Etagen des Hauses befinden. Von hier aus ist der Seeblick garantiert. Im Erdgeschoss sind Küche, Esszimmer und Wohnzimmer mit Wintergarten untergebracht.

Der ehemalige Ballsaal wurde zur Lounge mit Kamin umfunktioniert. Eingerichtet sind die historischen Räume mit einer stilvollen Kombination aus antiken Möbeln und modernen Elementen. Ein 5000 m² großer Garten mit Wald umgibt das Haus. Über eine Liegewiese haben die Gäste direkten Zugang zum Röddelinsee. Vom Steg aus können Wagemutige ins kristallklare Wasser springen.

In Hindenburg, am östlichen Ufer des Sees, liegt eine weitere Badestelle (II), wo Kanus und Flöße zur Miete stehen. Wer nach anderen Bademöglichkeiten sucht, wird auch am Großen Mahlgastsee (I) fündig.

Auto < 90 Min.; ÖV < 135 Min.

HERRENHAUS RÖDDELIN

OST

SÜD

BADESTELLEN
I: 53.103033, 13.431203
II: 53.097622, 13.454731

WEST

Gastgeber: David Jackson
Röddeliner Dorfstraße 26, 17268 Templin
Der Mindestaufenthalt beträgt während der
Schulferien eine Woche, sonst zwei Nächte.
+49 176 97103767

willkommen@herrenhaus-roeddelin.de
www.herrenhaus-roeddelin.de

OST

SÜD

HOTEL

Kavaliershaus Schloss Blücher – Hotel am Finckener See

OST

LAGE
140 km vom Berliner Zentrum
Anbindung an den ÖV: Bahnhof, Plau am See
17209 Fincken

Kavaliershaus Schloss Blücher – Hotel am Finckener See

UMGEBUNG
A Finckener See
B Fleesensee
C Großer Kreßinsee
D Kölpinsee
E Müritzsee
F Plauer See

2007 stand das historische „Kavaliershaus am Finckener See" heruntergekommen in der Landschaft, dann bauten es die Berliner Architekten Johanne und Gernot Nalbach zum Hotel um. Bei der Renovierung ließen sie die Geschichte des Hauses weiterleben: 1800 wohnte hier ein Graf von Blücher, später wurde das Anwesen zur Dorfschule umfunktioniert.

Im Restaurant, das heute „Klassenzimmer" heißt, folgt man der Slow-Food-Philosophie und kocht regionaltypische Gerichte, die nicht selten auf Produkte aus der Gegend setzen. Jede der 12 Suiten ist individuell gestaltet und alle folgen einem anderen Designmotiv – mal sind die Räume ganz in Weiß gehalten, mal dominiert helles Holz.

Auf dem Gelände kann man in der hauseigenen Sauna entspannen, am angrenzenden See unter 300 Jahre alten Bäumen lesen, sich auf dem Bootssteg sonnen, schwimmen, paddeln oder Fahrräder ausleihen und zu den umliegenden Seen fahren: Am Südufer des Finckener Sees liegt eine Badestelle (I), aber auch die Müritz (VI, VII, VIII, IX, X), der Große Kreßinsee (IV), Plauer See (XI, XII), Kölpinsee (V) und Fleesensee (II, III) sind nicht weit entfernt.

Auto < 90 Min.; ÖV < 240 Min.

A KAVALIERSHAUS
SCHLOSS BLÜCHER

BADESTELLEN

I: 53.353802, 12.437441

II: 53.494521, 12.496501

III: 53.486776, 12.437049

IV: 53.408830, 12.500139

V: 53.512098, 12.615352

VI: 53.486364, 12.632937

VII: 53.479188, 12.626972

VIII: 53.430930, 12.582283

IX: 53.396537, 12.626074

X: 53.393614, 12.626908

XI: 53.468110, 12.347615

XII: 53.488818, 12.320009

Gastgeber: Johanne & Gernot Nalbach
Hofstraße 12, 17209 Fincken
Der Mindestaufenthalt beträgt zwei Nächte.
+49 (0) 39922 82700

kavaliershaus@nalbach-architekten.de
www.kavaliershaus-finckenersee.de

OST

SÜD

WEST

HAUS

Landgehöft am Feldrain

LAGE
125 km vom Berliner Zentrum
Anbindung an den ÖV: Buchenhain Mitte, Boitzenburger Land
17268 Boitzenburger Land

Landgehöft am Feldrain

UMGEBUNG
A Fürstenauer See
B Krewitzsee
C Mellensee

Im Norden des Boitzenburger Lands, nicht weit von der Feldberger Seenlandschaft, befindet sich das denkmalgeschützte „Landgehöft am Feldrain". Das ehemalige Gesindehaus wurde von Anne Lierow liebevoll saniert und zu einem Ferienhaus umgebaut. Der Gastgeberin lag es am Herzen, die traditionelle Bauweise mit Eichenfachwerk und Lehmwänden zu erhalten. Mit Holzfenstern und neuen Lichtachsen hat sie die ehemals dunkle Kate so in einen hellen, offenen Ort verwandelt.

Auf 300 m² Wohnfläche können sich bis zu zwölf Personen ausbreiten. Neben dem Haupthaus befindet sich eine Sauna aus Birkenholz mit Ruheraum und eine Wildobstküche, in der Gäste Früchte wie Maulbeeren, Quitten, Felsenbirnen und Kornelkirschen aus dem 4000 m² großen Garten verarbeiten können.

Die Umgebung eignet sich mit ihren Seen und Wäldern zu Erkundungstouren: Am Fürstenauer See (I) und am Krewitzsee (II) sonnt man sich auf Liegewiesen mit Stegen. In der Nähe der kleinen Kapelle in Mellenau findet sich eine weitere Badestelle direkt am Mellensee (III).

Auto < 90 Min.; ÖV < 180 Min.

LANDGEHÖFT AM FELDRAIN

OST

BADESTELLEN
I: 53.335243, 13.526553
II: 53.289480, 13.550328
III: 53.296036, 13.523688

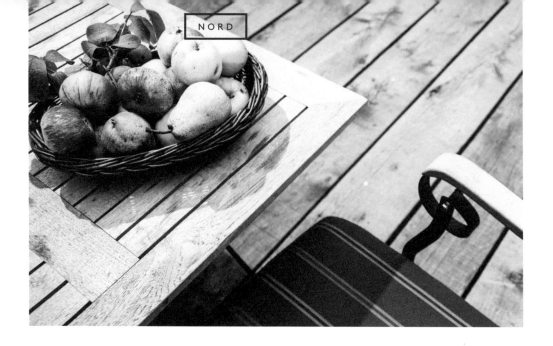

Gastgeberin: Dr. Anne Lierow
Buchenhain 23, 17268 Boitzenburger Land
Der Mindestaufenthalt beträgt zwei Nächte,
in Ferienzeiten und über Feiertage fünf Nächte.
+49 (0) 172 5972115

anne.ralf.lierow@web.de
www.landgehoeft.de

SÜD

HAUS

Landhaus am See

OST

LAGE
105 km vom Berliner Zentrum
Anbindung an den ÖV: Pinnow, Gerswalde
17268 Gerswalde

Landhaus am See

UMGEBUNG

A Oberuckersee
B Pinnower See
C Potzlower See
D Sternhagener See
E Unteruckersee

Mitten in der Uckermark liegt ein kleines Stück Peru: Andrea Ribbers und Andreas Böttcher halten am Pinnower See eine Herde Alpakas. Wer sich in ihr Landhaus einmietet, kann den Tieren ganz nah sein.

Das Feriendomizil gegenüber einer Feldsteinkirche aus dem 13. Jahrhundert bietet Platz für insgesamt vierzehn Gäste, die es sich in sieben Schlafzimmern gemütlich machen können. Bei der Sanierung des ehemaligen Gutshauses, in dem zu DDR-Zeiten Post und Konsum untergebracht waren, ging man sorgfältig vor: Alte Holzfußböden und frei gelegte Balken erzählen bis heute von der Vergangenheit.

Auch die Umgebung lädt zu Entdeckungstouren ein. Zu Fuß oder mit dem Rad erreicht man die Badestellen am Pinnower See (IV), Sternhagener See (VI, VII), Oberuckersee (I, II, III), Unteruckersee (VIII) und Potzlower See (V).

Auto < 75 Min.; ÖV < 180 Min.

OST

LANDHAUS AM SEE

SÜD

BADESTELLEN
I: 53.177918, 13.870664
II: 53.181270, 13.871041
III: 53.186879, 13.851956
IV: 53.214030, 13.793241
V: 53.215824, 13.843390
VI: 53.233065,13.779946
VII: 53.243974, 13.776772
VIII: 53.306496, 13.861129

Gastgeber: Andrea Ribbers & Andreas Böttcher
Pinnow 9, 17268 Gerswalde
Der Mindestaufenthalt beträgt je nach Saison
zwei bis fünf Nächte.
+49 (0) 162 1000835

a.ribbers@gmx.de
www.alpakazucht-brandenburg.de

OST

SÜ

WEST

HAUS

Märkisches Landhaus N° 8

LAGE
85 km vom Berliner Zentrum
Anbindung an den ÖV: Buchholz (bei Altglobsow), Großwoltersdorf
16775 Großwoltersdorf

WEST

Märkisches Landhaus N° 8

UMGEBUNG
A Globsowsee
B Großer Stechlinsee
C Kleiner Wentowsee
D Roofensee

Das Dorf Buchholz im Naturpark Stechlin-Ruppiner Land sieht aus, als hätte es ein Landschaftsmaler aquarelliert. Eine Straße aus Schotter und Sand führt an Wäldern und Wiesen vorbei zu einer Barockkirche und 22 Häusern – eins davon ist das „Märkische Landhaus N° 8".

Auf dem 6000 m² großen Grundstück bietet die Unterkunft Platz für bis zu vier Personen. Die Eigentümerin Anette Stolle, die mit ihrer Familie ebenfalls in Buchholz wohnt, hat hier eine Ruheoase geschaffen. Von jedem Raum aus haben die Gäste freie Sicht auf die Natur. Selbst im Saunabereich kann man die Landschaft durch ein großes Panoramafenster beobachten.

Die Umgebung ist reich an Wäldern und Seen: Das wohl bekannteste und klarste Gewässer ist der Große Stechlinsee im Norden, der von einem alten Buchenwald umgeben ist. Der rund 17 Kilometer lange Wanderweg, der direkt am Ufer entlang führt, lädt zu Spaziergängen und Radtouren ein.

Wer sich erfrischen will, springt ins kristallklare Wasser (II, III, IV, V). Weitere Badestellen findet man am Globsowsee (I), am Kleinen Wentowsee (VI) und Roofensee (VII, VIII). Entspannen kann man am Abend in der antiken Bibliothek des Hauses vor dem offenen Kamin.

Auto < 75 Min.; ÖV < 195 Min.

OST

🍴 LANDHAUS N°8

BADESTELLEN

I: 53.129853, 13.118981

II: 53.148583, 13.042231

III: 53.147466, 13.026962

IV: 53.142134, 13.009496

V: 53.166331, 13.041202

VI: 53.074976, 13.175220

VII: 53.105958, 13.042887

VIII: 53.108350, 13.044176

SÜD

NORD

WEST

Gastgeberin: Anette Stolle
Forststraße 8, 16775 Großwoltersdorf
Der Mindestaufenthalt beträgt zwei Nächte.
+49 (0) 33082 40947
+49 (0) 173 8753070

info@landhaus-no8.de
www.landhaus-no8.de

OST

WEST

APARTMENT

Mein Lychen

OST

LAGE
100 km vom Berliner Zentrum
Anbindung an den ÖV: Apotheke, Lychen
17279 Lychen

Mein Lychen

UMGEBUNG
A Großer Lychensee
B Wurlsee
C Zenssee

Die Brüder Friedrich und Konrad Niemann haben sich mit „Mein Lychen" den Traum eines eigenen „Bed and Breakfast" erfüllt. Direkt an einem kleinen Kanal, der in den Großen Lychensee fließt, heißen sie die Gäste auf ihrem rund 2000 m² großen Grundstück in vier Zimmern und zwei Studios willkommen.

Die Räume sind nach Regionen wie Transsilvanien, Afrika und Indien benannt, die im Leben der Brüder eine wichtige Rolle gespielt haben: Durch diese emotionale Bindung hat jedes Zimmer seinen eigenen Charme. Stilvolle Möbel im modernen Landhausstil wurden mit Erbstücken kombiniert, die die Brüder teilweise persönlich restauriert haben.

In der Umgebung verbindet das Lychener Seennetz insgesamt sieben Gewässer miteinander: Vom eigenen Bootsanleger aus steigt man direkt auf sein SUP-Board oder paddelt mit einem Kanu los.

Am Großen Lychensee bietet das Strandbad Erfrischung (I). Am Wurlsee (II, III) und am Zenssee gibt es weitere Badestellen (IV, V). Zum Entspannen trifft man sich abends in der Bibliothek, dem Jagdzimmer mit Schwedenofen und der Sauna mit Schwalldusche.

Auto < 90 Min.; ÖV < 195 Min.

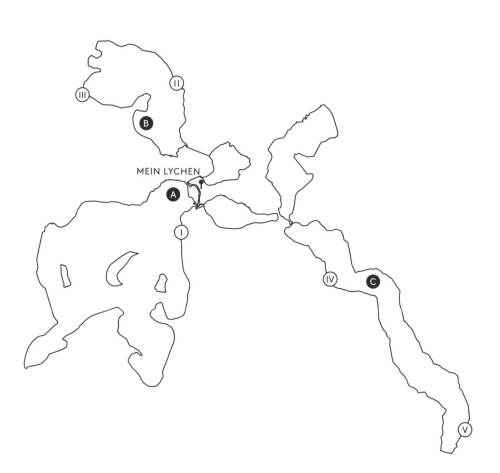

MEIN LYCHEN

OST

SÜD

BADESTELLEN
I: 53.206436, 13.301287
II: 53.221097, 13.301321
III: 53.221428, 13.282803
IV: 53.202855, 13.328142
V: 53.185662, 13.353376

WEST

Gastgeber: Friedrich & Konrad Niemann
Berliner Straße 43, 17279 Lychen
Der Mindestaufenthalt beträgt zwei Nächte.
+49 (0) 39888 522188

gastgeber@meinlychen.de
www.meinlychen.de

PENSION

Mühle Tornow

LAGE
71 km vom Berliner Zentrum
Anbindung an den ÖV: Tornow Am Fließ, Fürstenberg (Havel)
16798 Fürstenberg

WEST

Mühle Tornow

UMGEBUNG
A Großer Wentowsee
B Kleiner Wentowsee

1873 wurde die ehemalige Wassermühle erbaut, seit 2010 empfangen Hubert Schneider und sein Sohn Christian Gäste auf dem denkmalgeschützten Anwesen direkt am Großen Wentowsee: Als Bauingenieur und Koch kümmern sie sich im Team um die Urlauber, die in sieben liebevoll sanierten Doppelzimmern und zwei Suiten Platz finden.

Im Mühlenrestaurant wird regionale Küche serviert, der Hofladen im ehemaligen Getreidespeicher wartet mit saisonalen Spezialitäten für ein Picknick auf. In der Umgebung findet man viele Rad- und Wanderwege, die zu Erkundungstouren einladen.

Ganz in der Nähe können Flöße gemietet werden, mit denen Besucher den Großen Wentowsee vom Wasser aus entdecken (II). Weitere Badestellen findet man am Großen (I) und am Kleinen Wentowsee (III).

Auto < 75 Min.; ÖV < 180 Min.

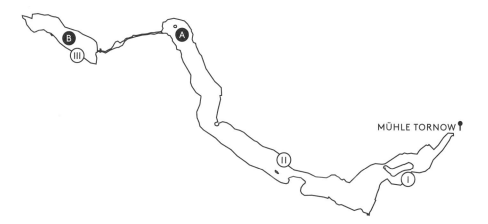

MÜHLE TORNOW

OST

BADESTELLEN
I: 53.055033, 13.267172
II: 53.058289, 13.233504
III: 53.074976, 13.175220

SÜD

Gastgeber: Christian Schneider
Neue Straße 1, 16798 Fürstenberg
+49 (0) 33080 404850

info@muehle-tornow.de
www.muehle-tornow.de

HAUS

Naturoase Gustow

OST

LAGE
277 km vom Berliner Zentrum
Anbindung an den ÖV: Altefähr
18574 Gustow

Naturoase Gustow

UMGEBUNG
A Strelasund

WEST

Am Strelasund – der Meerenge, die Rügen vom Festland trennt – liegt der Ort Gustow. Fährt man von hier aus Richtung Westen auf die Halbinsel Drigge, erreicht man Till Jaichs „Naturoase". Hier vermietet er seit 2016 drei Ferienhäuser, die direkt am Ufer liegen und jeweils Platz für bis zu sechs Personen bieten.

Jedes Haus hat eine Wohnfläche von 110 m² mit Balkon, Terrasse und Blick über die Lagune. Umgeben von Wald auf der einen, und Schilf auf der anderen Seite fügen sich die Häuser aus Holz und Naturstein in die Umgebung ein. Unweit der Unterkunft kann man am Badestrand entspannen und in den Strelasund eintauchen (I). Weitere Badestellen findet man auf der Halbinsel Drigge (II, III, IV).

Wer die Gegend vom Wasser aus erkunden will, mietet bei Till Jaich ein Boot. Der Gastgeber empfiehlt Touren in die benachbarte Lagune „Puddeminer Wiek", die Weltkulturerbe-Stadt Stralsund und zur Biomanufaktur „Landwert-Hof" in Stahlbrode.

Mit dem Fahrrad oder zu Fuß gibt es ebenfalls viel zu entdecken. Folgt man einem kleinen Pfad durch den Wald, gelangt man zur Nachbarlagune „Wamper Wiek". Auch der Hamburg-Rügen Radweg, der Hamburg mit Sassnitz verbindet, führt durch Gustow. Entlang der alten Kleinbahnstrecke fährt man durch die beinahe unberührte Landschaft.

Auto < 165 Min.; ÖV < 240 Min.

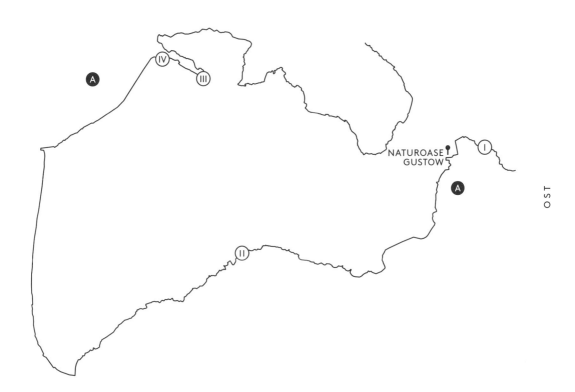

OST

BADESTELLEN
I: 54.296583, 13.194946
II: 54.289361, 13.164409
III: 54.301637, 13.159497
IV: 54.303115, 13.154712

Gastgeber: Till Jaich
Am Yachthafen Drigge 1, 18574 Gustow
+49 (0) 38307 419966

naturoase@im-jaich.de
www.im-jaich.de/urlaub/naturoase-gustow/

OST

HAUS

NewHaus

LAGE

250 km vom Berliner Zentrum

Anbindung an den ÖV: Neuhaus, Dierhagen

18347 Dierhagen

OST

NewHaus

UMGEBUNG
A Ostsee
B Saaler Bodden

Zwischen Ostsee und Saaler Bodden, am Eingang zur Halbinsel Fischland-Darß-Zingst, liegt der kleine Ort Dierhagen. Umgeben von Dünen und Kiefern stehen im Ortsteil Neuhaus die beiden Ferienhäuser „Sand" und „Pine".

Angelehnt an den Namen der Gemeinde haben die Eigentümer Matthias Birkholz und Stephanie Hundertmark dem Ensemble, das vom Berliner Architekten Herbert Hussmann entworfen wurde, den Namen „NewHaus" gegeben. Die dunkle Holzfassade und das helle Interieur sorgen dafür, dass sich die modernen Gebäude gut in die Umgebung einfügen.

Die hochwertige und stilvolle Einrichtung lässt keine Wünsche offen. Auf einer Wohnfläche von je 120 m² bieten die Häuser Platz für bis zu acht Gäste. In jedem Haus laden eine Sauna und zwei Terrassen zum Entspannen ein. Zum Ostseestrand sind es nur wenige Schritte durch die Dünen (I). Auch der Saaler Bodden ist nicht weit entfernt. Am einfachsten ist er über den 62 Kilometer langen Radweg durch die Boddenlandschaft zu erreichen.

Auf der Route gibt es eine kleine Badestelle in Langendamm (II) und eine große Liegewiese am Campingplatz in Born auf dem Darß (III), wo man Kite- und Windsurfen lernen und SUP-Boards oder Kanus ausleihen kann.

Auto < 150 Min.; ÖV < 270 Min.

NEWHAUS

OST

BADESTELLEN
I: 54.286404, 12.316947
II: 54.300432, 12.461944
III: 54.381683, 12.500832

WEST

Gastgeber: Stephanie Hundertmark & Matthias Birkholz
Zwischen den Kiefern 18, 18347 Dierhagen
Der Mindestaufenthalt beträgt im Sommer eine Woche, sonst zwei Nächte.
+49 (0) 172 3945956

hello@newhaus.de
www.newhaus.de

OST

SÜD

APARTMENT

Re:hof
Rutenberg

OST

LAGE
105 km vom Berliner Zentrum
Anbindung an den ÖV: Markt, Lychen
17279 Lychen

Re:hof Rutenberg

UMGEBUNG
A Clanssee
B Dabelowsee
C Großer Brückentinsee
D Großer Kronsee
E Linowsee

In der norduckermärkischen Seenlandschaft betreiben die beiden Künstler Marieken Verheyen und Martin Hansen einen Ort, der Entspannung in der Natur verspricht. Dank der Unterstützung des Berliner Architekten Peter Grundmann haben sie einen ehemaligen Pfarrhof mit großem Garten zum „Re:hof Rutenberg" umgebaut.

Wohnen kann man in Lofts auf dem Heuboden des ehemaligen Stalls, Gartenhäusern zwischen alten Obstbäumen, einer Ferienwohnung im Pfarrhaus und einem weiteren Apartment im Hofgebäude. Hat man sich für ein Domizil entschieden, steht einem das gesamte Gelände des Dreiseithofs zur Verfügung. Dazu gehören ein alter Pfarrgarten, eine Sauna mit Blick ins Grüne, Terrassen, Feuerstellen und eine große Scheune.

In der Umgebung findet man Seen, Wälder und Wiesen: Der Große Kronsee mit einem kleinen Sandstrand und Steg ist nur ein paar Schritte entfernt (V). Spaziert oder radelt man etwas weiter, findet man schöne Badestellen auf der Herzinsel im Großen Brückentinsee (IV), am Clanssee (I), am Linowsee (VI) und am Dabelowsee (II, III).

Im Hofladen des „Re:hofs" wird Proviant für Tagesausflüge angeboten: saisonales Gemüse, frische Brötchen und alles, was man für ein leckeres Frühstück braucht.

Auto < 105 Min.; ÖV < 120 Min.

RE:HOF RUTENBERG

OST

BADESTELLEN

I: 53.257000, 13.353701

II: 53.258237, 13.212290

III: 53.254152, 13.212265

IV: 53.256266, 13.239623

V: 53.246889, 13.309194

VI: 53.263183, 13.275612

Gastgeber: Marieken Verheyen & Martin Hansen
Dorfstraße 23, 17279 Lychen
Der Mindestaufenthalt beträgt drei Nächte.
+49 39888 479901

gast@rehof-rutenberg.de
www.rehof-rutenberg.de

WEST

APARTMENT

Rote Scheune

LAGE
96 km vom Berliner Zentrum
Anbindung an den ÖV: Wilmersdorf Bahnhof, Angermünde
17268 Gerswalde

OST

Rote Scheune

UMGEBUNG

A Oberuckersee
B Potzlower See
C Wrietzensee

Am Westufer des Oberuckersees liegt der kleine Ort Fergitz. Zusammen mit dem Berliner Architekten Thomas Kröger haben sich Stefanie Schneidler und Matthew Newman hier ein Wochenendhaus der besonderen Art geschaffen. Aus einem um 1900 erbauten Kuhstall, der ehemals zum Gut Suckow der Arnims gehörte, wurde ein Landhaus mit Maisonettewohnung. Teil der Ferienwohnung, in der vier Personen Platz finden, ist ein privater Garten.

Sieht man dem Haus seine frühere Funktion von außen noch an, so hat sich im Inneren alles verändert. Ein besonderer Hingucker ist das Bad: Es wurde mit weiß-blauen Azulejos gefliest.

Nördlich der „Roten Scheune" lädt die Badestelle „Karl Flach" zum Schwimmen ein (III). Am gegenüberliegenden Ufer findet sich eine weitere Badestelle (II). Vom Steg am Campingplatz aus kann man den Sonnenuntergang beobachten (I). Auch am Potzlower See (IV) und am Wrietzensee (V) ist genug Platz, um sich zu sonnen.

Wer nicht selbst kochen möchte, kann sich samstags und sonntags im „Großen Garten" (53.169570, 13.748988), einer ehemaligen Schlossgärtnerei im nahe gelegenen Gerswalde, bekochen lassen. Die beiden Japanerinnen Ayumi und Sayuri, die im Ort das „Café zum Löwen" führen, stehen hier am Herd. Geräucherten Fisch und Wein bringt Micha bei „Glut und Späne" auf den Tisch.

Auto < 75 Min.; ÖV < 90 Min.

ROTE SCHEUNE

OST

BADESTELLEN
I: 53.177918, 13.870664
II: 53.181270, 13.871041
III: 53.186879, 13.851956
IV: 53.215824, 13.843390
V: 53.175445, 13.834937

SÜD

Gastgeber: Stefanie Schneidler & Matthew Newman
Ort Fergitz 7, 17268 Gerswalde
Der Mindestaufenthalt ist je nach Saison
unterschiedlich.

info@rote-scheune.com
www.rote-scheune.com

WEST

OST

HOTEL

Seehotel am Neuklostersee

OST

LAGE
240 km vom Berliner Zentrum
Anbindung an den ÖV: ZOB, Neukloster
23992 Nakenstorf

Seehotel am Neuklostersee

UMGEBUNG
A Großer Wariner See
B Neuklostersee

Inmitten des Naturschutzgebietes Sternberger Seenland liegt das „Seehotel am Neuklostersee" – eine einzigartige Hotelanlage, die von den Berliner Architekten Johanne und Gernot Nalbach entworfen wurde. Als das Hotel 1993 seine Eröffnung feierte, gehörte nur ein Klinkerbau und eine reetgedeckte Fachwerkscheune aus dem 19. Jahrhundert zur Anlage. Mittlerweile wurde das Ensemble ausgebaut: Heute bietet das Seehotel insgesamt 26 Zimmer und Suiten sowie drei Ferienhäuser mit eigener Terrasse und Garten.

Der große Hotelpark verfügt über einen eigenen Sandstrand, von dem aus ein Bootssteg in den See führt. Hier springt man direkt ins Wasser oder erkundet den See mit einem Kanu. Zu Fuß schafft man es in knapp zwei Stunden, den See zu umrunden. Wer auf dem Weg eine Schwimmpause einlegen will, findet neben vielen kleinen Einstiegen auch eine große Badestelle im Nordosten (II).

Am nahe gelegenen Großen Wariner See bietet das Strandbad weitere Möglichkeiten, sich zu erfrischen (I). Nach einem Tag in der Natur lässt man sich im Restaurant „Allesisstgut", das im Steinhaus des Seehotels untergebracht ist und 2017 mit dem „Bib Gourmand" von Michelin ausgezeichnet wurde, verwöhnen. Ob frischer Fisch aus der Ostsee, Fleisch von umliegenden Bauernhöfen oder Wild von benachbarten Jägern – bei der Auswahl der Zutaten wird im Sinne des Slow-Food-Gedankens auf Regionalität und Saisonalität gesetzt.

Auto < 135 Min.; ÖV < 240 Min.

SEEHOTEL AM
NEUKLOSTERSEE

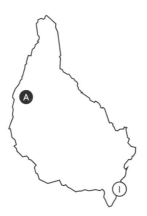

OST

BADESTELLEN
I: 53.805762, 11.703782
II: 53.864358, 11.701740

WEST

Gastgeber: Johanne & Gernot Nalbach
Seestraße 1, 23992 Nakenstorf
+49 (0) 38422 4570

seehotel@nalbach-architekten.de
www.seehotel-neuklostersee.de

OST

WEST

PENSION

Smucke Steed

LAGE
444 km vom Berliner Zentrum
Anbindung an den ÖV: Schuldtstraße, Glücksburg (Ostsee)
24960 Glücksburg

Smucke Steed

UMGEBUNG
A Flensburger Förde
B Halbinsel Holnis

Auf Plattdeutsch bedeutet „Smucke Steed" so viel wie „hübscher Ort". Und die Villa, die heute als Pension betrieben wird, ist so schön, dass sich die Anfahrt nach Glücksburg allemal lohnt. Der Ort liegt fast schon in Dänemark, am Rand des Naturschutzgebiets Schwennautal an der Flensburger Förde.

Bereits im Jahr 1898 nutzte man das Anwesen als Mädchenpensionat, ehe es ab 1921 von der Diakonie Flensburg als Seminarhaus betrieben wurde. Nach dem Verkauf übernahmen die Pächter Tine und Sönke Roß das Haus und gestalteten es nach ihren Vorstellungen um. Insgesamt wurden 16 lichtdurchflutete Zimmer im skandinavischen Stil eingerichtet. Langschläfer können bis 12 Uhr auf der Terrasse frühstücken.

Entlang der Küste Richtung Norden gelangt man an die Spitze der Halbinsel Holnis, den nördlichsten Festlandspunkt Deutschlands. Die Halbinsel lässt sich am besten zu Fuß oder mit dem Fahrrad erkunden. Zum Baden bieten sich der Strand am Seemannsgrab (III) und der Glücksburger Strand (I) an, den man zu Fuß in wenigen Minuten erreicht. Hier kann man vom Strandkorb aus über die Flensburger Förde nach Dänemark blicken.

Weiter nördlich findet sich eine weitere Badestelle (II). Am Ostufer der Halbinsel in der Ortschaft Drei (IV) und weiter östlich in Langballig (V) laden langgezogene Strände zum Entspannen am Wasser ein. Nach einem Ausflug ans Meer kommt die Sauna im Garten, die exklusiv von Pensiongästen gebucht werden kann, genau richtig.

Auto < 240 Min.; ÖV < 330 Min.

BADESTELLEN
I: 54.841945, 9.530583
II: 54.847230, 9.539016
III: 54.875894, 9.602024
IV: 54.865496, 9.598475
V: 54.822558, 9.657002

Gastgeber: Tine & Sönke Roß
Paulinenallee 5, 24960 Glücksburg
Der Mindestaufenthalt beträgt je nach Saison
bis zu drei Tage.
+49 (0) 4631 4445161

hallo@smucke-steed.de
www.smucke-steed.de

HAUS

Strandwood House

OST

LAGE
325 km vom Berliner Zentrum
Anbindung an den ÖV: Gager
18568 Gager

Strandwood House

UMGEBUNG
A Ostsee
B Rügischer Bodden

Das „Strandwood House" im Fischerdorf Gager auf der Rügener Halbinsel Mönchgut fügt sich nahtlos in die Hafenumgebung ein: Das von den umliegenden Bootshäusern inspirierte Holzhaus bietet auf einer Wohnfläche von 130 m² Platz für bis zu acht Personen. Große Fenster füllen die Räume, die eine Deckenhöhe von fast acht Metern besitzen, mit Sonnenlicht.

Die Eigentümer haben sich beim Bau bewusst für natürliche Baustoffe entschieden und das Haus liebevoll im skandinavisch-minimalistischen Stil eingerichtet. Von der Terrasse im kleinen Garten hat man einen schönen Blick auf die Hagensche Wiek und das Jagdschloss Granitz auf dem Tempelberg.

Nur hundert Meter vom Haus entfernt, liegt der Boddenstrand (I), ein beliebtes Revier für Kite- und Wind-Surfer. Wassersportler kommen auch am Strand zwischen Klein Zicker und Thiessow auf ihre Kosten (II). Bis zum feinsandigen Strand an der Ostsee (III), der sich zwischen Lobbe und dem Seebad Thiessow über eine Länge von fünf Kilometern erstreckt, sind es zu Fuß oder mit dem Rad nur wenige Minuten.

Spaziergänge und Wanderungen bringen einen in die Zickerschen Alpen, eine mehr als 60 Meter hohe, sanft geschwungene Hügellandschaft im Biosphärenreservat Südost-Rügen. Auch die Ostseebäder Baabe (IV) und Sellin (V) sind nicht weit entfernt.

Auto < 210 Min.; ÖV < 330 Min.

STRANDWOOD
HOUSE

OST

BADESTELLEN
I: 54.309693, 13.680259
II: 54.276755, 13.701595
III: 54.302595, 13.715990
IV: 54.362698, 13.716818
V: 54.382930, 13.700291

NORD

WEST

Gastgeber: Haase & Piltz GbR
Am Hafen 2, 18568 Gager
Der Mindestaufenthalt beträgt in den Ferienzeiten fünf bis sieben Nächte.
+49 39889 508683

info@strandwood.de
www.strandwood.de

OST

SÜD

WEST

APARTMENT

Thomashof

LAGE
64 km vom Berliner Zentrum
Anbindung an den ÖV: Klein Mutz Bergsdorfer Straße, Zehdenick
16792 Zehdenick

178

Thomashof

UMGEBUNG
A Eichlerstich
B Havel
C Mutzer Stich
D Waldstich

Drei Kilometer westlich der Havelstadt Zehdenick im Ruppiner Seenland befindet sich das Dorf Klein-Mutz. Hier haben Heike und Jörg Thomas einen Vierseithof von 1890 in ein Naturparadies für Großstädter verwandelt: Im ehemaligen Stallgebäude finden sich heute vier Ferienwohnungen für zwei bis vier Personen.

Die Apartments mit offenen Holzbalken und Dielenböden sind mit antiken und modernen Möbeln eingerichtet. Die Frühstückseier kommen hier direkt aus dem Stall auf den Teller. Schließlich halten die Eigentümer neben Schafen auch Hühner. Abends setzt man sich unter den großen Walnussbaum und sieht der Sonne beim Untergehen zu.

Für Naturliebhaber bietet die Umgebung viele Wanderwege, Fahrräder können bei Bedarf geliehen werden. Nicht weit entfernt vom Hof liegt der kleine See Mutzer Stich, an dem man sich auf einer Liegewiese mit Strand und Steg sonnt (II).

Nördlich von Zehdenick findet man am Waldstich (III) und Eichlerstich (I) weitere Badestellen. Wer die Region vom Wasser aus erkunden will, nimmt das Kanu. Heike Thomas empfiehlt bei der Havelrundfahrt, im Gasthaus „Alter Hafen" am Ziegeleipark Mildenberg eine Pause einzulegen.

Auto < 75 Min.; ÖV < 135 Min.

THOMASHOF

BADESTELLEN
I: 53.012126, 13.337051
II: 52.963158, 13.298051
III: 53.000421, 13.343312

Gastgeber: Heike & Jörg Thomas
Alter Anger 8, 16792 Zehdenick
+49 3307 3023790

info@thomashof-kleinmutz.de
www.thomashof-kleinmutz.de

OST

APARTMENT

Villa am Trumpf

OST

LAGE
100 km vom Berliner Zentrum
Anbindung an den ÖV: Warnitz (Uckermark)
17291 Oberuckersee

SÜD

185

Villa am Trumpf

UMGEBUNG
A Entgrützenbruch
B Oberuckersee

Mitten in der Uckermark nahe dem 200-Seelen-Dorf Melzow heißen Anja und Rolf Dau ihre Gäste in der „Villa am Trumpf" willkommen. 1910 als Ferienvilla mit neoklassischen Elementen konzipiert, besticht das Landhaus besonders durch seine direkte Lage an einem kleinen See, dem Entgrützenbruch.

Drei Ferienapartments für zwei bis vier Personen, die sich im Ostflügel der Villa befinden, wurden individuell hergerichtet: Art déco und Neue Sachlichkeit bestimmen die Einrichtung der Wohnung „Vintage" im Erdgeschoss. Englischer Landhausstil und freistehende Holzbalken prägen die Wohnung „Cottage" im ersten Stock. Die Dachgeschosswohnung „Lounge" ist als offener Raum angelegt – mit einem Kamin als Highlight.

Von allen Wohnungen aus genießt man den Ausblick auf den See und die Landschaft. Auf dem Grundstück bietet eine große Terrasse viel Platz zum Sonnen. Entspannen kann man im weitläufigen Garten mit Liegewiese und Holzsteg. Ein paar Meter entfernt, befindet sich eine öffentliche Badestelle (I). Sowohl mit dem Fahrrad als auch zu Fuß erreicht man in wenigen Minuten das Ostufer des Oberuckersees. Hier finden sich zwei weitere Badestellen (II, III).

Auto < 60 Min.; ÖV < 105 Min.

VILLA AM TRUMPF

OST

BADESTELLEN
I: 53.174239, 13.895969
II: 53.181270, 13.871041
III: 53.177918, 13.870664

SÜD

Gastgeber: Anja & Rolf Dau
Gramzower Weg 35–37, 17291 Oberuckersee
Der Mindestaufenthalt beträgt drei Nächte.
+49 (0) 39863 78357
+49 (0) 172 9046466

willkommen@villa-am-trumpf.de
www.villa-am-trumpf.de

SÜD

WEST

HAUS

Vorwerk Krewitz

LAGE
114 km vom Berliner Zentrum
Anbindung an den ÖV: Krewitz, Boitzenburger Land
17268 Boitzenburger Land

190

Vorwerk Krewitz

UMGEBUNG
A Fürstenauer See
B Großer Petznicksee
C Krewitzsee
D Mellensee

Wer im Grünen abtauchen will, ist im „Vorwerk Krewitz" genau richtig. Das barocke Gutshaus im Boitzenburger Land bietet Platz für bis zu 16 Personen. Das Haus aus dem 18. Jahrhundert wurde von Max und Jolie von Arnim aufwendig restauriert und stilvoll eingerichtet.

Der Wohnraum mit Kamin und die Landküche mit einem vier Meter langen Esstisch versprechen gemütliche Abende. Von der Terrasse aus blickt man auf die sechs Hektar große Gartenanlage mit einer historischen Feldscheune, Teichen, Obstgärten und alten Bäumen.

Die umliegende Naturlandschaft kann gut auf Wander- oder Radwegen erkundet werden. Nicht weit vom Anwesen befindet sich der Krewitzsee (III), an dem man auf einer Liegewiese mit Steg entspannt. Am Mellensee badet man in der Nähe der kleinen Kapelle (IV). Weitere Badestellen gibt es am Fürstenauer See (I) und Großen Petznicksee (II).

Auto < 90 Min.; ÖV < 210 Min.

OST

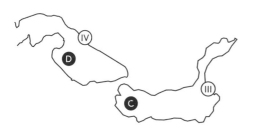

📍 VORWERK KREWITZ

BADESTELLEN
I: 53.335243, 13.526553
II: 53.316771, 13.611049
III: 53.289480, 13.550328
IV: 53.296036, 13.523688

Gastgeber: Jolie & Max von Arnim
Krewitz 27, 17268 Boitzenburger Land
+44 (0) 7766 333098 (UK)

info@vorwerkkrewitz.de
www.vorwerkkrewitz.de

WEEKENDER EDITION BERLIN

OST

SÜD

HAUS

Wasserferienwelt Rügen

OST

LAGE
300 km vom Berliner Zentrum
Anbindung an den ÖV: Lauterbach, Rügen
18581 Putbus

Wasserferienwelt Rügen

UMGEBUNG
A Ostsee
B Rügischer Bodden

Wer schon immer einmal direkt auf dem Wasser übernachten wollte, wird sich in der „Wasserferienwelt Rügen" wohlfühlen. Der Urlauber hat die Wahl zwischen „schwimmenden Häusern", die Platz für zwei bis sechs Personen bieten, und Häusern auf Pfählen, in denen zwei Personen unterkommen können. Egal wie man sich entscheidet, den Ausblick über den Bodden und auf die Insel Vilm wird man genießen.

Zum Baden ist es nicht weit. Entweder man springt direkt von der Terrasse ins Wasser oder steigt über eine Leiter ins kühle Nass. Passende Freizeitangebote stehen ebenfalls auf dem Plan: Man kann Boote, Kajaks oder SUP-Boards mieten, geführte Angeltouren und Segeltörns mit Skipper unternehmen oder gleich den Segelschein machen.

Aber auch an Land wird einem nicht langweilig. Rad- und Wanderwege führen zu Badestellen in Neuendorf (I) und Muglitz (II). Für das typische Ostsee-Feeling empfiehlt sich ein Ausflug zu den Sandstränden in Binz (V), Baabe (III) und Sellin (IV).

Auto < 165 Min.; ÖV < 270 Min.

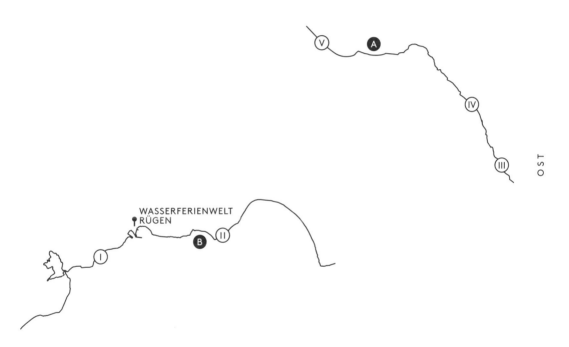

BADESTELLEN

I: 54.335415, 13.484157

II: 54.340192, 13.552603

III: 54.362698, 13.716818

IV: 54.382930, 13.700291

V: 54.403135, 13.613367

WEST

OST

Gastgeber: Till Jaich
Am Yachthafen 1, 18581 Putbus
+49 (0) 38301 8090

info@im-jaich.de
www.im-jaich.de/urlaub/wasserferienwelt-ruegen/

HAUS

WEST

Wasserturm Waren

LAGE
170 km vom Berliner Zentrum
Anbindung an den ÖV: Waren (Müritz)
17192 Waren (Müritz)

Wasserturm Waren

UMGEBUNG
A Binnenmüritz
B Feisnecksee
C Kölpinsee
D Müritz

Auf dem Nesselberg zwischen Binnenmüritz und Feisnecksee steht seit 1897 der „Wasserturm Waren". Von 2010 bis 2011 wurde er denkmalgerecht saniert und beherbergt heute vier Ferienwohnungen für zwei bis sechs Personen.

Jedes Apartment verfügt über eine voll ausgestattete Küche und einen Kamin. Vom Balkon oder der Terrasse aus genießt man die Landschaft: Je höher die Wohnung gelegen ist, desto weiter erstreckt sich der Blick über die Müritz und den Nationalpark.

In der Umgebung findet man mehrere Badestellen – die nächsten liegen am Feisnecksee (II) und der Binnenmüritz (I). Am Schloss Klink (V), an der Klinik in Klink (IV), in Ludorf (IX), in Sietow-Dorf (VI) und in Marienfelde (VII, VIII) kann ebenfalls nach Herzenslust in der Müritz geschwommen werden. Wer nach Abwechslung sucht, spaziert zum Kölpinsee (III).

Auto < 120 Min.; ÖV < 120 Min.

WASSERTURM WAREN

OST

SÜD

BADESTELLEN

I: 53.517917, 12.664807

II: 53.503061, 12.702041

III: 53.512098, 12.615352

IV: 53.486364, 12.632937

V: 53.479188, 12.626972

VI: 53.430930, 12.582283

VII: 53.396537, 12.626074

VIII: 53.393614, 12.626908

IX: 53.382042, 12.686766

Gastgeber: Jan Reininger & Christian Thommes
Auf dem Nesselberg 1, 17192 Waren (Müritz)
Der Mindestaufenthalt beträgt in der Hauptsaison
drei Nächte, sonst zwei Nächte.
+49 (0) 151 41640711

wasserturm@bewahren.org
www.wasserturm-waren.de

OST

WEST

OSTEN

OST

APARTMENT

Altes Backhaus Haselberg

LAGE
62 km vom Berliner Zentrum
Anbindung an den ÖV: Haselberg Dorf, Wriezen
16269 Wriezen

Altes Backhaus Haselberg

UMGEBUNG
A Alte Oder
B Baasee
C Großer See
D Langer See
E Schlosssee
F Sternbecker See

Nach der Geburt ihrer Tochter haben Stefan Jülke und Julia Lichtenberg ihre alte Heimat Brandenburg neu für sich entdeckt: Im Dorf Haselberg kauften sie ein altes Feldsteinhaus, das in der Vergangenheit als Backhaus genutzt wurde. Bei der Restaurierung des denkmalgeschützten Anwesens setzten sie auf traditionelle Bauelemente – vieles, was früher Teil des Hauses war, wurde erhalten oder wiederverwendet.

Eingerichtet hat das Paar die Unterkünfte in verschiedenen Stilen aus den 50er Jahren bis heute. Alle Wohnungen sind besonders für Familien mit Kindern geeignet: Hochstühle, Babybett und jede Menge Spielzeug warten auf die kleinen Gäste. Paaren bietet die kleinste Wohnung „Ronja" Platz. Geschlafen wird im Doppelbett in der Hochetage, morgens freut man sich über den eigenen Gartenzugang samt Terrasse. Im größten Apartment „Lotta" kommen bis zu sechs Personen unter: Hier genießt man den Blick von der Dachterrasse mit Grill und Hängematte.

Für Badeausflüge zum Langen See, Sternbecker See oder Großen See stehen Fahrräder in allen Größen bereit. Die Alte Oder eignet sich für Kanutouren, zum Spazieren fährt man an den Baasee. Abends kommt man im Garten zur Ruhe, kocht und grillt, während die Kinder auf dem Spielplatz mit Wasserpumpe, Sandkasten und Schaukel nach Herzenslust toben.

Auto < 75 Min.; ÖV < 120 Min.

N
W ✕ O
S

B

⚲ ALTES BACKHAUS HASELBERG

OST

BADESTELLEN
I: 52.694750, 14.011639
II: 52.649614, 14.073151
III: 52.678370, 14.002644

Gastgeber: Familie Jülke
Hauptstraße 38, 16269 Haselberg
+49 33456 564356

mail@backhaus-haselberg.de
www.backhaus-haselberg.de

OST

SÜD

HOTEL

Gut Klostermühle

LAGE
90 km vom Berliner Zentrum
Anbindung an den ÖV: Alt Madlitz Dorf, Madlitz-Wilmersdorf
15518 Briesen

OSLO

Gut Klostermühle

UMGEBUNG
A Madlitzer See
B Petersdorfer See

Umgeben von Wald liegt am Ufer des Madlitzer Sees das „Gut Klostermühle" – ein Resort, das vor allem für sein Spa bekannt ist. Der Düsseldorfer Architekt Walter Brune hat sich für die behutsame Restaurierung des Anwesens Zeit genommen: Zehn Jahre lang richtete er die herrschaftlichen Häuser her und erweiterte die Anlage.

Entstanden ist eine Wellness-Oase mit 66 Zimmern, sechs Wohnungen und fünf Ferienhäusern, die keine Wünsche offen lässt. Weil der See direkt über das Privatgelände zugänglich ist, sind Ruhe und Privatsphäre garantiert. Auf einer großen Liegewiese am SPA kann man sich entspannen, besonders schön ist der Ausblick über den See vom kleinen Holzsteg am Südufer. Wer Abwechslung sucht, unternimmt einen Waldspaziergang oder mietet ein Boot.

Ein Ausflug zum Petersdorfer See (I) lohnt sich ebenfalls: Mit dem Auto ist man in zehn Minuten da, mit dem Fahrrad braucht man eine Viertelstunde und zu Fuß 45 Minuten. Um den Tag ausklingen zu lassen, empfiehlt sich ein Besuch im hoteleigenen Restaurant „Klosterscheune": Frisch gefangener Fisch aus eigenen Gewässern oder Wild aus den umliegenden Wäldern stehen hier auf der Karte. Das Restaurant „Klostermühle" tischt Gerichte inspiriert von den vielfältigen Einflüssen und Traditionen der internationalen Küche auf.

Auto < 75 Min.; ÖV < 120 Min.

GUT KLOSTERMÜHLE

OST

BADESTELLE
I: 52.359025, 14.290428

Gastgeberin: Cornelie Bösel
Mühlenstraße 11, 15518 Briesen (Mark)
+49 (0) 33607 59290

info@gutklostermuehle.com
www.gutklostermuehle.com

HAUS

Villa Honigpumpe

OST

LAGE
50 km vom Berliner Zentrum
Anbindung an den ÖV: Markt, Buckow (Märkische Schweiz)
15377 Buckow

Villa Honigpumpe

UMGEBUNG
A Großer Tornowsee
B Schermützelsee

Ein Berliner Schuhfabrikant hat sich die „Villa Honigpumpe" in Buckow 1904 als Sommerfrische-Häuschen eingerichtet, heute können hier bis zu sechs Personen in drei geschmackvoll renovierten Schlafzimmern übernachten und auf der großen, sonnigen Terrasse im Garten entspannen.

Vom Balkon aus hat man einen atemberaubenden Blick auf den Schermützelsee, der zwar nicht direkt an das Grundstück grenzt, aber nicht weit entfernt ist. In zehn Minuten ist man im Strandbad Buckow (II), das im Sommer zum Sonnen im Sand und auf dem Steg einlädt, bevor es vom Sprungturm aus ins klare Wasser geht, das bis zu 3,8 Meter Sichttiefe verspricht.

Wer gerne wandert, hat den See in weniger als zwei Stunden umrundet – vorausgesetzt man macht nicht an den vielen, kleinen Uferplätzen Halt. Spaziert man durch die Wälder in Richtung Großer Tornowsee (I), sollte ein Zwischenstopp im Haus Tornow eingeplant werden: Hier versüßt man sich den Nachmittag mit Kaffee und Kuchen.

Auto < 60 Min.; ÖV < 90 Min.

VILLA HONIGPUMPE

BADESTELLEN
I: 52.578359, 14.102623
II: 52.574790, 14.070240

Gastgeberin: Britta Smyrak
Bertolt-Brecht Straße 37, 15377 Buckow
Der Mindestaufenthalt beträgt zwei Nächte.
+49 (0) 172 5168626

britta@looping-magazin.de
www.airbnb.de/rooms/5994466
Facebook: Villa Honigpumpe

OST

SÜD

NORD

WEST

SÜDEN

OST

OST

SÜD

APARTMENT/HAUS

Lausitzer Seenland Resort

OST

LAGE
155 km vom Berliner Zentrum
Anbindung an den ÖV: Bahnhof, Senftenberg
02979 Elsterheide

Lausitzer Seenland Resort

UMGEBUNG
A Geierswalder See
B Partwitzer See
C Senftenberger See

Das „Lausitzer Seenland Resort" liegt am Geierswalder See an der sächsisch-brandenburgischen Grenze. Wo einst ein Kohleabbaugebiet war, bietet das Gelände heute drei schwimmende Ferienhäuser für bis zu sechs Personen sowie zwei Landhäuser, wo bis zu acht Personen Platz finden. Wer weniger Platz benötigt mietet sich ein Apartment im Haus am See.

Benannt sind die Häuser nach Ortschaften, die während des Bergbaubooms weichen mussten. Jedes schwimmende Haus verfügt über bis zu 97 m² Wohnfläche, eine Terrasse und Dachterrasse, wobei die moderne, glasbetonte Konstruktionsweise besonders beeindruckt.

Nach dem Aufwachen kann man es kaum erwarten, vor der eigenen Haustür abzutauchen. Wer nach Abwechslung sucht, findet andere Badeorte in der Nähe. Ein langer Sandstrand (I) mit direktem Zugang zum Wasser liegt am Geierswalder See, der auch mit Booten oder SUP-Boards vom örtlichen Verleih erkundet werden kann. Die Wasserqualität ist hier ausgezeichnet und wer sich treiben lässt, kann oft zwei Meter tief auf den Grund schauen, so klar ist das Wasser.

Auch die anderen Seen in der Umgebung lohnen sich für einen Ausflug. Der Partwitzer See (II) wartet an der nordöstlichen Bucht mit einem Strand auf, der Senftenberger See (III) bietet Sand am südöstlichen Ufer und eine Liegewiese am Nordufer (IV).

WEST

Auto < 90 Min.; ÖV < 150 Min.

LAUSITZER SEENLAND
RESORT

OST

BADESTELLEN
I: 51.497338, 14.128671
II: 51.523612, 14.174054
III: 51.497955, 14.059384
IV: 51.511768, 14.024979

SÜD

Gastgeber: Holm & Dirk Nehrig
Wohnhafen Scado 2/3, 02979 Elsterheide
Der Mindestaufenthalt beträgt je nach Saison
drei bis fünf Nächte.
+49 (0) 3591 496871

info@lausitzer-seenland-resort.de
www.lausitzer-seenland-resort.de

OST

APARTMENT

WEST

Refugium am See

LAGE
60 km vom Berliner Zentrum
Anbindung an den ÖV: Kaufhalle, Teupitz
15755 Teupitz

SÜD

Refugium am See

UMGEBUNG
A Teupitzer See

Berühmte Schriftsteller leihen den Ferienwohnungen im „Refugium am See", einem modernen Gebäude an der Uferpromenade des Teupitzer Sees, ihre Namen: Eine barrierefreie Erdgeschosswohnung ist Theodor Fontane gewidmet, die andere Kurt Tucholsky, wobei die Apartments durch eine Terrasse und den Garten mit Seeblick verbunden sind. Bettine von Arnim ist die Patin der Dachterrassenwohnung, die den Besucher ebenfalls mit einer spektakulären Aussicht empfängt.

Bis sich die Besitzer des Hauses, das Frankfurter Ehepaar Monika und Hilmar Bohn, einmal dort niederlassen, stehen die Türen für Feriengäste offen. Obwohl die Sichttiefe des Sees im Sommer oft weniger als einen Meter beträgt, sollte man sich nicht davon abhalten lassen, vom Holzsteg ins Wasser zu springen. Wer die Gegend erkunden will, findet am Teupitzer See neben dem Relax Campingplatz einen Sandstrand (II), während Liegewiesen am südwestlichen (III) und südöstlichen Ufer (I) warten.

Auto < 60 Min.; ÖV < 90 Min.

REFUGIUM AM SEE

BADESTELLEN
I: 52.130576, 13.607063
II: 52.129084, 13.592502
III: 52.132530, 13.589665

OST

SÜD

Gastgeber: Monika & Hilmar Bohn
Gutzmannstraße 9, 15755 Teupitz
In der Hochsaison beträgt der Mindestaufenthalt
sechs Nächte.
+49 (0) 1520 3333906

info@refugium-am-see.de
www.refugium-am-see.de

OST

SÜD

245

HOTEL

Strandhaus Spreewald

LAGE
86 km vom Berliner Zentrum
Anbindung an den ÖV: Bahnhof, Lübben (Spreewald)
15907 Lübben (Spreewald)

Strandhaus Spreewald

UMGEBUNG
A Briesener See
B Spreelagune

Schon in den Dreißigerjahren war das Lübbener Strandcafé an der Spree ein beliebter Treffpunkt für Einheimische und Feriengäste. Heute führen Markus und seine Frau Claudia Karl die Tradition mit ihrem Vier-Sterne-Hotel fort: Wer den Spreewald erkunden will, ist in ihrem „Strandhaus" richtig.

Im Winter können die Gäste in der hauseigenen Kaminlounge entspannen, in der Bibliothek lesen oder bei Massagen im Spa-Bereich Kraft tanken. Im Sommer genießen sie die Nähe zur Spreelagune (II), einer naturbelassenen Badestelle mit Sandstrand und Steg. Wer einen Abstecher an den Briesener See (I) plant, ist mit dem Auto zwanzig Minuten unterwegs. Für einen Ausflug auf dem Wasser können Ruderboote in der Nachbarschaft gemietet werden.

Für alle, die lieber anderen das Steuern überlassen, empfiehlt sich eine Kahntour, die im Spreewald fast schon zum Pflichtprogramm gehört. Anschließend lässt man den Tag bei einem regional inspirierten Menü auf der Restaurantveranda ausklingen.

Auto < 75 Min.; ÖV < 75 Min.

OST

STRANDHAUS SPREEWALD

BADESTELLE
I: 51.962916, 14.023951
II: 51.937558, 13.897439

SÜD

Gastgeber: Claudia & Markus Karl
Ernst-von-Houwald-Damm 16, 15907 Lübben
(Spreewald)
+49 (0)3546 7364

info@strandhaus-spreewald.de
www.strandhaus-spreewald.de

OST

SÜD

WEST

WESTEN

OST

OSTSEE

NORD

■ Rostock

Greifswald ■

● 39

Schwerin ■

MECKLENBURG-VORPOMMERN

● 42

WEST

● 48

BRANDENBURG

● 50

BERL ■

● 41

● 47

● 45 ● 46

● 44

● 40

● 49

● 43

N
W ✕ O
S

OST

APARTMENT

Bauernkate
Klein Thurow

LAGE
250 km vom Berliner Zentrum
Anbindung an den ÖV: Klein Thurow, Abzw. Roggendorf
19205 Klein Thurow

Bauernkate
Klein Thurow

UMGEBUNG
A Dutzower See
B Garrensee
C Goldensee
D Kleiner See
E Röggeliner See

Die Wahl-Hamburger Jutta und Frank Strauß stammen ursprünglich aus Köln und Münster, in den letzten Jahren haben sie sich jedoch ein zweites Zuhause geschaffen: In ihrem Wochenendhaus in Klein Thurow begrüßen sie seit 2011 auch Feriengäste. Die denkmalgeschützte Fachwerkkate bewohnten einst Lohnarbeiter, heute können hier vier bis sechs Urlauber mit einer Vorliebe für Patina in zwei Apartments entspannen.

Ein weiteres Apartment, das „HeuHostel" mit Heuschlafplätzen, und ein Bed & Breakfast-Zimmer finden sich in der alten Scheune. In der 45 m² großen Ferienwohnung in der Kate kocht man auf einem Herd aus Gusseisen über Holzfeuer, alternativ stehen auch zwei elektrische Kochplatten bereit. Wer den Ententeich und die Koppel erkundet hat, mietet ein Hollandrad oder spaziert durch die Umgebung des Biosphärenreservates.

Im Radius von fünf Kilometern gibt es vier Badeseen mit ebenso vielen Badestellen: Die nähesten und einsamsten liegen am Goldensee (IV, V). Hervorragend schwimmen lässt es sich auch am Röggeliner See (VII, VIII, IX, X), am Kleinen See (VI), am Dutzower See (I) und am Garrensee (II, III). Zum Abendessen trifft man sich im Kastanienhof in Bülow. Die „Gläserne Molkerei" in Dechtow versorgt einen mit Proviant für das nächste Picknick.

Auto < 150 Min.; ÖV < 240 Min.

BAUERNKATE
KLEIN THUROW

OST

BADESTELLEN

I: 53.675183, 10.946108

II: 53.690475, 10.856289

III: 53.688927, 10.855283

IV: 53.689630, 10.922565

V: 53.691531, 10.940633

VI: 53.690024, 10.884001

VII: 53.725155, 10.925637

VIII: 53.729824, 10.946685

IX: 53.734215, 10.933556

X: 53.738142, 10.927917

Gastgeber: Jutta & Frank Strauß
Dorfstraße 6, 19205 Klein Thurow
+49 (0) 151 53727550
+49 (0) 170 9004959

strauss@bauernkate-klein-thurow.de
www.bauernkate-klein-thurow.de

OST

APARTMENT

Elisabeth am See

OST

LAGE
52 km vom Berliner Zentrum
Anbindung an den ÖV: Schloss Caputh, Schwielowsee
14548 Schwielowsee

Elisabeth am See

UMGEBUNG
A Caputher See
B Glindower See
C Großer Lienewitzsee
D Schwielowsee
E Templiner See

Erbaut im Jahr 1903, war dieses Backsteinhaus in der Gemeinde Caputh am Templiner See lange Zeit Rückzugsort einer Berliner Tuchhändler-Familie. Zwei Weltkriege und einige Jahrzehnte später machte sich der Architekt und Hauserbe Jörg Becker zusammen mit seiner Partnerin Eva Loschky an die behutsame Modernisierung. Heute bietet das „Elisabeth am See" mit seinen 180 m² Platz für bis zu vier Personen. Neben dem Spa-Bereich überzeugt vor allem der fußbodenbeheizte Pavillon im weitläufigen Garten.

Der Wunsch, das Bauwerk mit der Umgebung in Einklang zu bringen, schlug sich in der Auswahl der Baumaterialien nieder. Auch im Inneren ist das Haus geschmackvoll eingerichtet: Designmöbel und Kunstwerke in wechselnden Hängungen sorgen dafür, dass der Rückzugsort alle Sinne anspricht.

Vom Privatsteg aus lässt es sich mühelos in das kühle Wasser des Templiner Sees springen. Wer Richtung Osten schwimmt, wird mit einer unschlagbaren Aussicht auf das Schloss Caputh belohnt. Und wen die Lust auf einen öffentlichen Badeplatz packt: Das Strandbad Templin (VII) ist nur wenige Minuten entfernt. Weitere Badestellen finden sich am Caputher See (I), Glindower See (II, III), Großen Lienewitzsee (IV) und Schwielowsee (V, VI).

Auto < 60 Min.; ÖV < 60 Min.

ELISABETH AM SEE

OST

BADESTELLEN

I: 52.343029, 12.994715

II: 52.358792, 12.941539

III: 52.361051, 12.916541

IV: 52.315033, 12.984503

V: 52.314066, 12.940741

VI: 52.344004, 12.980110

VII: 52.360742, 13.022004

SÜD

Gastgeber: Eva Loschky & Jörg Becker
Krughof 50, 14548 Schwielowsee
Der Mindestaufenthalt beträgt fünf Nächte.
+49 (0) 177 6308232

info@elisabeth-am-see.com
www.elisabeth-am-see.com

OSLO

HAUS

WEST

Ferienhaus Beetzsee

LAGE
63 km vom Berliner Zentrum
Anbindung an den ÖV: Brandenburg Hbf
14778 Lünow

Ferienhaus Beetzsee

UMGEBUNG
A Beetzsee

Wer mit den Kindern ein Wochenende fernab des Großstadt-trubels verbringen will, der ist im Dorf Lünow direkt am Beetz-see richtig. Die ehemalige Scheune, die von Familie Woitge liebevoll in ein Landhaus verwandelt wurde, bietet Platz für bis zu drei Familien, die sich im Naturpark Westhavelland auf Entdeckungstour begeben können: Nachdem der 4000 m² große Garten mit Teich und Feuerstelle erkundet wurde, schwingt man sich aufs Fahrrad und folgt der Spur des „Storchenradwegs", der einmal um den See führt. Seinen Namen verdankt er den Vögeln, die ihr Zuhause im nahen Schutzgebiet gefunden haben.

Wer lieber auf dem Wasser unterwegs ist, paddelt vom Beetzsee aus in die Brandenburger Altstadt. Erfrischen kann man sich zwischendurch an der Badewiese (I), der Bade-stelle am Campingplatz (II) und in Bollmannsruh (III).

Auto < 75 Min.; ÖV < 105 Min.

FERIENHAUS BEETZSEE

OST

SÜD

BADESTELLEN
I: 52.490437, 12.664944
II: 52.501230, 12.665712
III: 52.505359, 12.683629

Gastgeber: Familie Woitge
Lünower Dorfstraße 18a, 14778 Lünow
Der Mindestaufenthalt beträgt drei Nächte.
+49 (0) 177 630 82 32

in.luenow@gmail.com
www.beetzsee-ferienhaus.de

OST

APARTMENT/HAUS

OST

Ferienhof Middenmank

LAGE
200 km vom Berliner Zentrum
Anbindung an den ÖV: Ludwigslust
19288 Ludwigslust

Ferienhof Middenmank

WEST

UMGEBUNG
A Alte Elde
B Elde
C Neustädter See

Mehr als nur dabei – auf dem „Ferienhof Middenmank" wird diesem Spruch Leben eingehaucht, schließlich bedeutet das Wort „middenmank" auf Plattdeutsch soviel wie „mittendrin". Für Familien, die eine Auszeit suchen, bietet der Hof alles, was man braucht: Das alte Bauernhaus im Dorf Glaisin wurde vom Architektenpaar Britta Paarmann und André Schuldt in einen Rückzugsort umgebaut.

Auf zwei Etagen entstanden so sechs stilvolle Ferienwohnungen. Das kleinste Apartment heißt „Boen Achtern", ist 30 m² groß und ideal für zwei Personen oder Eltern mit einem Kleinkind. Die großzügige Dielenwohnung „Däl" bietet auf 80 m² vier Erwachsenen und vier Kindern jede Menge Platz zum gemeinsamen Kochen, Spielen und Entspannen.

Wer sich morgens verwöhnen lassen möchte, bucht eine Frühstückskiste, die direkt vor die Wohnungstür geliefert wird. Kinder werden hier in eine Bullerbü-Bilderbuchwelt versetzt: Durch kleine „Kiekfenster" können sie Schafe beobachten, im Kanal versuchen sie ihr Glück als Angler und mit dem Kanu wird die Alte Elde erkundet. Zum Baden geht es an den Neustädter See (I, II) – für eine Tagestour dorthin stehen Räder bereit.

Auto < 135 Min.; ÖV < 120 Min.

FERIENHOF MIDDENMANK

OST

BADESTELLEN
I: 53.396003, 11.558821
II: 53.391713, 11.577178

WEST

Gastgeber: Britta Paarmann & André Schuldt
Zum Schnellberg 16, 19288 Ludwigslust
Der Mindestaufenthalt beträgt in der Ferienzeit eine Woche, sonst zwei Nächte.
+49 (0) 38754 20111

info@middenmank.de
www.middenmank.de

OST

SÜD

279

WEST

Ferienwohnung am Einsteinhaus Caputh

LAGE
43 km vom Berliner Zentrum
Anbindung an den ÖV: Caputh, Gertrud-Feiertag-Haus, Schwielowsee
14548 Schwielowsee

Ferienwohnung am Einsteinhaus Caputh

UMGEBUNG

A Caputher See
B Glindower See
C Großer Lienewitzsee
D Schwielowsee
E Templiner See

In Caputh, wo einst Albert Einstein seine Sommer verbrachte, hat die Architektin Anja Kaie ein Haus geschaffen, das das Beste aus zwei Welten vereint: Das Holzhaus, in dem sie selbst lebt, ist großzügig und lichtdurchflutet wie ein Loft, gleichzeitig aber ökologisch optimiert.

Bis zu vier Gäste können in der zum Garten gelegenen Ferienwohnung mit großen Panoramafenster übernachten. Auf der Terrasse und im kleinen Zen-Garten kann man entspannen, im Pool und in der Sauna die Seele baumeln lassen. Direkt hinter dem Haus liegt ein Waldgebiet, das sich für lange Wanderungen und Radtouren anbietet. Wer den Templiner See vom Wasser aus erkunden möchte, kann bei Moisl (52.362079, 13.022754) oder Bothe (52.348123, 12.989884) zwischen verschiedenen Wasserfahrzeugen wählen.

Zum Baden geht es an den Caputher See (I), den Großen Lienewitzsee (IV), den Schwielowsee (V, VI), Templiner See (VII) oder Glindower See (II, III). Den Tag lässt man in der Sommerbar von „Magix Wakeboarding" nördlich des Eisenbahndamms am Templiner See (52.365320, 13.028451) ausklingen, von wo aus man den Sonnenuntergang über dem See genießen kann. Auf Anfrage steht auch das gesamte Haus zur Miete – bis zu acht Personen finden hier Platz.

Auto < 45 Min.; ÖV < 60 Min.

FERIENWOHNUNG
AM EINSTEINHAUS
CAPUTH

BADESTELLEN
I: 52.343029, 12.994715
II: 52.358792, 12.941539
III: 52.361051, 12.916541
IV: 52.315033, 12.984503
V: 52.314066, 12.940741
VI: 52.344004, 12.980110
VII: 52.360742, 13.022004

Gastgeberin: Anja Kaie
Am Waldrand 7, 14548 Schwielowsee
Der Mindestaufenthalt beträgt in der Ferienzeit eine Woche, sonst zwei Nächte.
+49 (0) 1520 8884383

anja.kaie@gmx.de
www.urlaub-caputh.de

WEST

OST

SÜD

APARTMENT

Gut Wendgräben

OST

LAGE
100 km vom Berliner Zentrum
Anbindung an den ÖV: Malge, Brandenburg an der Havel
14776 Brandenburg an der Havel

Gut Wendgräben

UMGEBUNG
A Breitlingsee
B Möserscher See
C Plauer See
D Wendsee

Gut Wendgräben wird von den Betreibern nicht ohne Grund „die kleine Toskana vor den Toren Berlins" genannt. Denn rein atmosphärisch fühlt man sich hier rund tausend Kilometer Richtung Süden versetzt, obwohl der denkmalgeschützte Komplex in Brandenburg an der Havel, nicht weit vom Breitlingsee und Möserschen See, liegt.

Flankiert von Wäldern und Feldern ist Gut Wendgräben idyllisch gelegen und verfügt über elf separate Ferienwohnungen, die sich auf ein Hauptgebäude, ein Nebengebäude und ein barockes Herrenhaus verteilen.

Um den Vorstellung des Eigentümers zu entsprechen, wurde das Anwesen aufwendig renoviert. Sowohl der Breitlingsee als auch der Möserscher See sind zu Fuß in weniger als 30 Minuten zu erreichen. An den Ufern finden sich mehrere Badeplätze: Der Strand (I) im Wald des Breitlingsees eignet sich bestens für begeisterte Schwimmer.

Nicht weit von hier findet sich ein Bootsverleih und das „Malge Gasthaus am See" (52.369637, 12.472219), das für Verpflegung sorgt. Der große Rasen am Möserschen See (III) eignet sich hervorragend, um an seinem Teint zu arbeiten. Einen weiteren Badeplatz erreicht man über das Westufer (II) in der Nähe von Kirchmöser. Wer Abwechslung sucht, findet sie in der Nachbarschaft: am Plauer See (IV) oder Wendsee (V).

Auto < 90 Min.; ÖV < 120 Min.

GUT WENDGRÄBEN

OST

BADESTELLEN

I: 52.372170, 12.480196

II: 52.375336, 12.433165

III: 52.366753, 12.446595

IV 52.405013, 12.417141

V: 52.403275, 12.407276

WEST

Gastgeber: Familie Hasenbank
Wendgräben 19, 14776 Brandenburg an der Havel
Gut Wendgräben ist ein beliebtes Ziel für Hochzeits-
feiern und während der Hauptsaison am Wochenende
meist ausgebucht.
+49 (0) 3381 665316
+49 (0) 160 93236295

mail@gut-wendgraeben.de
www.gut-wendgraeben.de

OST

APARTMENT

Haus am Havelbogen

LAGE

49 km vom Berliner Zentrum
Anbindung an den ÖV: Bismarckhöhe, Werder (Havel)
14542 Werder (Havel)

Haus am Havelbogen

UMGEBUNG
A Glindower See
B Großer Plessower See
C Großer Zernsee
D Potsdamer Havel in Werder
E Schwielowsee

Unmittelbar an der Havel mit Blick auf die Inselstadt Werder steht ein Gebäude, das aussieht, als sei es während der Bauhaus-Ära errichtet worden. Dabei wurde die schlicht-elegante Architektur des „Hauses am Havelbogen" erst 2011 fertiggestellt. Mit seinen zwei modernen Ferienwohnungen aus Sichtbeton bietet es genug Platz für vier bis sechs Personen.

Im Sommer toben die Kinder im Garten, Eltern grillen oder sonnen sich auf dem Holzsteg. Der Garten geht in einen Uferpark über, von wo aus man sein Kanu oder Kajak zu Wasser lassen kann. Wer ohne Boot angereist ist, leiht sich den hauseigenen Kanadier.

Aber auch zu Fuß lässt sich die Umgebung leicht erkunden: Einen Spaziergang nach Petzow in den Schlossgarten und zur Schinkelkirche sollte man einplanen – vom Turm aus kann man den Blick auf den Schwielowsee schweifen lassen. Die Umgebung wartet mit zahlreichen Badeplätzen auf: Schwimmer suchen sich ein ruhiges Plätzchen an der Potsdamer Havel in Werder (V, VI), am Glindower See (I, II), am Großen Plessower See (III), am Schwielowsee (VII, VIII, IX) oder am Großen Zernsee (IV).

Auto < 60 Min.; ÖV < 75 Min.

HAUS AM
HAVELBOGEN

OST

SÜD

BADESTELLEN

I: 52.358792, 12.941539

II: 52.361051, 12.916541

III: 52.378617, 12.908166

IV: 52.406601, 12.946644

V: 52.383661, 12.937540

VI: 52.380405, 12.938687

VII: 52.344004, 12.980110

VIII: 52.314066, 12.940741

IX: 52.341760, 12.944702

Gastgeber: Elmar Busch
Am Havelbogen 7, 14542 Werder (Havel)
Der Mindestaufenthalt beträgt zwei Nächte.
+49 (0) 173 2552541

info@haus-am-havelbogen.de
www.haus-am-havelbogen.de

WEST

HAUS

Haus am See

OST

LAGE
49 km vom Berliner Zentrum
Anbindung an den ÖV: Markt, Werder (Havel)
14542 Werder (Havel)

Haus am See

UMGEBUNG
A Glindower See
B Großer Plessower See
C Großer Zernsee
D Potsdamer Havel in Werder
E Schwielowsee

In der von Wasser umgebenen Altstadt von Werder hat die Gastgeberin Ursel Sieber vor mehr als zehn Jahren damit begonnen, ein 7000 m² großes Grundstück zum Feriendomizil umzugestalten.

Seit 2017 ist ihr historisches Ensemble aus Turmvilla, Belvedere und Remise um einen Neuzugang reicher: das Haus am See. Entworfen von den Architekten Jurek Brüggen und Sebastian Sailer besticht es im Gegensatz zu den denkmalgeschützten Unterkünften durch seinen modernen Materialmix aus Beton und Holz. Im Inneren wartet ein offener Raum mit schlichter, hochwertiger Einrichtung, der sich in verschiedene Zonen aufteilen lässt: Ein Schlafzimmer für zwei, der Wohn- und Essbereich, ein Arbeitsbereich und ein großzügiges Bad mit Sauna und Außenbecken gehen ineinander über. Von der Terrasse im Obergeschoss genießt man den Blick auf die Havel. Ein privater Steg führt direkt ins Wasser.

Die Umgebung wartet mit zahlreichen weiteren Badeplätzen auf: Schwimmer suchen sich ein Plätzchen in Werder (V, VI), am Glindower See (I, II), am Großen Plessower See (III), am Schwielowsee (VII, VIII, IX) oder am Großen Zernsee (IV).

Auto < 60 Min.; ÖV < 60 Min.

HAUS AM SEE

BADESTELLEN

I: 52.358792, 12.941539

II: 52.361051, 12.916541

III: 52.378617, 12.908166

IV: 52.406601, 12.946644

V: 52.383661, 12.937540

VI: 52.380405, 12.938687

VII: 52.344004, 12.980110

VIII: 52.314066, 12.940741

IX: 52.341760, 12.944702

Gastgeber: Ursel Sieber
Am Mühlenberg 21, 14542 Werder (Havel)
Der Mindestaufenthalt beträgt je nach Termin
zwei bis fünf Nächte.
+49 (0) 170 2312027

ferienwerder@googlemail.com
www.ferien-werder.de

WEST

APARTMENT

Havelblau Ferienlofts

OST

LAGE

75 km vom Berliner Zentrum

Anbindung an den ÖV: Luckenberger Straße, Brandenburg an der Havel

14770 Brandenburg an der Havel

WEST

Havelblau
Ferienlofts

UMGEBUNG
A Beetzsee
B Brandenburger Niederhavel
C Breitlingsee
D Möserscher See
E Plauer See
F Wendsee

Auf einem ehemaligen Industriegebiet in Brandenburg an der Havel lässt man die Großstadtseele baumeln. In einer alten Färberei trifft Industriecharme auf stilsichere Einrichtung und direkten Havelzugang. Die 15 bis zu 108 m² großen Lofts bestechen durch moderne Einbauküchen, ebenerdige Duschen und viele Möbelklassiker.

Jedes der „Havelblau Ferienlofts" hat einen Zugang zur Liegewiese mit integriertem Grillplatz und damit auch eine direkte Verbindung zur Havel. An heißen Tagen kann man direkt vom eigenen Bootssteg in die Brandenburger Niederhavel springen (II). Am Steg können auch Ruderer anlegen und die umlegenden Seen erkunden.

Über die Havel oder mit dem Fahrrad sind Badestellen am Breitlingsee (III), Möserscher See (V, IV), Plauer See (VI), Wendsee (VII) und Beetzsee (I) gut erreichbar.

Auto < 75 Min.; ÖV < 75 Min.

BADESTELLEN

I: 52.427592, 12.563153

II: 52.406811, 12.545872

III: 52.372170, 12.480196

IV: 52.366753, 12.446595

V: 52.375336, 12.433165

VI: 52.405013, 12.417141

VII: 52.403275, 12.407276

Gastgeberin: Wera Delfs
Zur Kammgarnspinnerei 18,
14770 Brandenburg an der Havel
+49 (0) 3381 250740
+49 (0) 171 5652705

info@havelblau.de
www.havelblau.de

OST

APARTMENT

Hof Obst

LAGE
125 km vom Berliner Zentrum
Anbindung an den ÖV: Brüsenhagen Dorf, Gumtow
16866 Gumtow

OST

Hof Obst

UMGEBUNG
A Borker See
B Gantikower See
C Mühlenteich
D Salzsee

Das Anwesen verdankt seinen Namen nicht nur den Besitzern Julia und Rouven Obst, die das alte Bauernhaus im Herzen der Prignitz nach historischem Vorbild hergerichtet haben. Auch der sechs Hektar große Garten mit seinen Obstbäumen und Sträuchern stand bei der Namensgebung Pate.

Seit 2007 erweitert die Familie den Hof Stück für Stück, um einen Ort zu schaffen, an dem Selbstversorgung und Nachhaltigkeit groß geschrieben werden. Ohne Schafe, Hühner, Ponys und die beiden Hofkatzen Tiger und Pfote wäre ihr Leben auf dem Land kaum vorstellbar.

Davon sollen auch die Gäste profitieren: Sie sind nicht nur eingeladen, eine der beiden Ferienwohnungen im Gutshaus zu beziehen, sondern dürfen sich auch im kleinen Hofladen eindecken, Biogemüse aus dem Garten ernten und auf dem Feld aushelfen. Spätestens ab 2021 können Gäste auch in einem umgebauten Circuswagen übernachten.

Auch in der Umgebung gibt es viel zu entdecken. Große und kleine Vogelforscher halten Ausschau nach Störchen, Schleiereulen und Kranichen, die in der Region heimisch sind. Auf der Suche nach der passenden Badestelle hat man die Wahl zwischen dem Gantikower See (II), dem Mühlenteich (III), dem Borker See (I) und dem Salzsee (IV).

Auto < 90 Min.; ÖV < 120 Min.

HOF OBST

OST

BADESTELLEN
I: 53.022969, 12.433489
II: 52.977146, 12.350162
III: 53.032363, 12.441733
IV: 53.010183, 12.429123

NORD

WEST

Gastgeber: Julia & Rouven Obst
Brüsenhagen 28 (vormals Dorfstraße 28),
16866 Gumtow
Der Mindestaufenthalt beträgt zwei Nächte.
+49 (0) 33976 70661

fewo@hof-obst.de
www.hof-obst.de

OST

APARTMENT

Parkchâlet Potsdam

OST

LAGE
36 km vom Berliner Zentrum
Anbindung an den ÖV: Schloss Babelsberg, Potsdam
14482 Potsdam

Parkchâlet Potsdam

UMGEBUNG
A Havel
B Heiliger See
C Tiefer See

Inmitten der Potsdamer Parklandschaft, eingebettet zwischen dem Babelsberg und Böttcherberg, ließ Prinz Carl von Preußen zehn Schweizerhäuser errichten und gestaltete die umgebende Landschaft mit Aussichtstempel, Schlucht und Steinsetzungen.

Zu DDR-Zeiten mussten einige der Gebäude dem Mauerbau weichen. Auf den erhaltenen Grundmauern errichtete der Architekt Gerald Kühn-von Kaehne einen Wiederaufbau als Update der Schweizer Bautradition. Historische Elemente wie Schieferdächer und umlaufende Balkone wurden mit Panoramafenstern und verglasten Giebeln kombiniert. Seit 2015 lässt es sich in sechs individuellen Apartments entspannen.

Gelegen an einem Ausläufer des Glienicker Parks führen zahlreiche Wander- und Radwege zu den umliegenden Schlössern und Gärten, zur Liebermann Villa, zur Pfaueninsel, zum Museum Barberini, in die russische Kolonie oder ins Holländische Viertel.

Abkühlung versprechen die Havel (I), der Tiefe See (IV) sowie der Heilige See (II, III) mit seinem Blick auf das Marmorpalais. Und sollte einen auf dem Berg doch die Stadtlust packen: Potsdams Zentrum und Berlin sind nicht weit.

Auto < 45 Min.; ÖV < 60 Min.

BADESTELLEN

I: 52.429762, 13.129522

II: 52.415689, 13.076413

III: 52.410891, 13.072492

IV: 52.402529, 13.081921

Gastgeberin: Pia von Kaehne
Louis-Nathan-Allee 9, 14482 Potsdam
Der Mindestaufenthalt beträgt vier Nächte.
+49 (0) 160 1571011

info@parkchalet-potsdam.de
www.parkchalet-potsdam.de

OST

SÜD

APARTMENT/HAUS

Winterquartier

LAGE
73 km vom Berliner Zentrum
Anbindung an den ÖV: Dechtow Kirche, Fehrbellin
16833 Dechtow

Winterquartier

UMGEBUNG
A Alter Rhin
B Bützsee
C Ruppiner See

WEST

In einem ehemaligen Stallgebäude auf dem Hof von Bettina und Jens Winter in Dechtow findet sich das „Winterquartier". Hinter der Backsteinfassade verbirgt sich ein modernes 200 m² großes Ferienhaus mit alten Holzbalken, Kamin und Fußbodenheizung. Auf Wunsch lassen sich die Remise und der alte Heuboden durch eine mobile Wand auch als jeweils 100 m² große separate Ferienwohnungen nutzen.

Im eigenen Garten direkt vor dem Haus kann man ausgiebig entspannen. Den nahegelegenen Alten Rhin erkundet man mit den hauseigenen Kanus. Auf der 29 Kilometer langen „Hakenberger Runde" lernt man Bützsee, Ruppiner See und Mühlrhin vom Wasser aus kennen. Alternativ steigt man aufs Rad und entdeckt auf dem „Havelland-Radweg" die ausgezeichneten Landwirte der Region. Wer einfach nur am See entspannen möchte, fährt mit dem Fahrrad knapp eine Stunde an Wiesen und Feldern entlang bis zum Bützsee (I).

Auto < 60 Min.; ÖV < 165 Min.

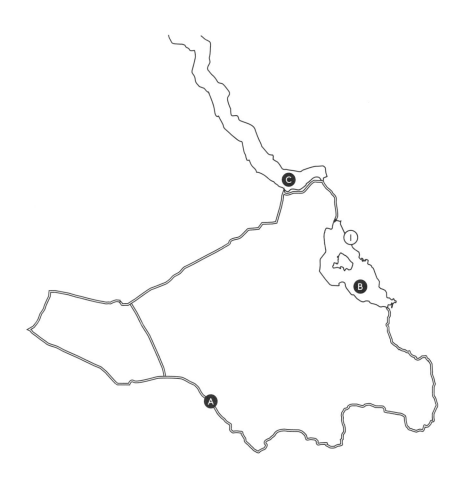

WINTERQUARTIER

BADESTELLE
I: 52.837765, 12.897649

OST

WE

Gastgeber: Bettina & Jens Winter
Dorfstraße 29, 16833 Dechtow
Der Mindestaufenthalt beträgt zwei Nächte.
+49 (0) 33922 90250
+49 (0) 173 8110528

winterquartier@dechtow.de
www.winterquartier.dechtow.de

OST

INDEX

WEST

→

Z

S. 112

Landhaus am See

S. 234

Lausitzer Seenland
Resort

S. 118

Märkisches Landhaus
N° 8

S. 124

Mein Lychen

S. 130

Mühle Tornow

S. 136

Naturoase Gustow

S. 142

NewHaus

S. 316

Parkchâlet Potsdam

S. 148

Re:hof Rutenberg

S. 240

Refugium am See

S. 154

Rote Scheune

S. 160

Seehotel am
Neuklostersee

S. 166

Smucke Steed

S. 246

Strandhaus Spreewald

S. 172

Strandwood House

S. 178

Thomashof

OST

S. 184

Villa am Trumpf

S. 224

Villa Honigpumpe

S. 190

Vorwerk Krewitz

S. 196

Wasserferienwelt Rügen

S. 202

Wasserturm Waren

S. 322

Winterquartier

Index
Art der Unterkünfte

OST

Vielen Dank an alle Fotografinnen und Fotografen, die ihre Bilder für dieses Projekt zur Verfügung gestellt haben:

WEST

OST

Architekten

NORDEN

Bootschaft Studios Lychen | Helmut Bergsträßer

Das schwarze Haus | Thomas Kröger

Das Sternhagener Haus | Philipp Kiehn

Gasthof zum grünen Baum | Carsten Frerich

Gut Fergitz | Hohenzollern Architekten

Gutshaus Lexow | Buschow und Oldendorf

Gutshof Kraatz | Florian Profitlich

Hans und Otto | Karl Heinz Skamel

Haus Wieckin | Möhring Architekten

Herrenhaus Röddelin | Rainer Metzner

Kavaliershaus Schloss Blücher | Nalbach + Nalbach Gesellschaft von Architekten mbH

Märkisches Landhaus No. 8 | Anette und Mike Stolle

Naturoase Gustow | Drebing Ehmke Architekten GmbH

NewHaus | Herbert Hussmann Architekten

Re:hof Rutenberg | Peter Grundmann, Marieken Verheyen und Martin Hansen

Rote Scheune | Thomas Kröger

Seehotel am Neuklostersee | Nalbach + Nalbach Gesellschaft von Architekten mbH

Strandwood House | Wolfgang Warnkross, Kilian Piltz

Thomashof | Heike Thomas

Villa am Trumpf | Anja Dau

Vorwerk Krewitz | Elke Haehnel

Wasserferienwelt Rügen | Drebing Ehmke Architekten GmbH

Wasserturm Waren | Christian Thommes, Ralf Weißheimer

OSTEN

Altes Backhaus Haselberg | Jörg Schubert, Stefan Jülke

Gut Klostermühle | Walter Brune

SÜDEN

Refugium am See | MMZ Architekten

Strandhaus Spreewald | Markus Thelen

WESTEN

Elisabeth am See | Jörg Becker

Ferienhof Middenmank | André Schuldt

Ferienwohnung am Einsteinhaus Caputh | Anja Kaie

Haus am Havelbogen | Christian Hanneforth, planbar3 GbR

Haus am See | Jurek Brüggen, Sebastian Sailer

Havelblau Ferienlofts | Detlev Delfs

Parchâlet Potsdam | Architekturbüro Gerald Kühn- von Kaehne und Eberhard Lange

Winterquartier | Werner Dünkel

Impressum

Dieses Buch wurde von The Gentle Temper initiiert, gestaltet und herausgegeben.

Herausgeber
Karolina Rosina-Meisen
und Dr. Nils D. Kraiczy

Lektorat und Redigat
Laura Storfner

Verlag
The Gentle Temper - Kraiczy & Rosina GbR
Alte Schönhauser Straße 35, 10119 Berlin
www.thegentletemper.com
www.takemetothelakes.com

Druck
Europrint Medien GmbH, Berlin

Coverbild
Ina Steiner, Das schwarze Haus (S. 28)

Schriftarten
Eldorado, Brown, GT America

Made in Berlin, Germany
ISBN: 978-3-947747-04-7

Take Me to the Lakes – WEEKENDER EDITION BERLIN *Deutsche Edition*
3., aktualisierte Auflage, Juni 2020

OST

DIE „TAKE ME TO THE LAKES" REIHE

BERLIN

Take Me to the Lakes – Berlin Edition

978-3-9477470-2-3 DE / 978-3-947747-01-6 ENG

Take Me to the Lakes – Weekender Edition Berlin

978-3-947747-04-7 DE / 978-3-9818497-7-6 ENG

MÜNCHEN

Take Me to the Lakes – München Edition

978-3-947747-06-1

Take Me to the Lakes – Weekender Edition München

978-3-9818497-8-3

NRW

Take Me to the Lakes – Nordrhein-Westfalen Edition

978-3-9818497-6-9

HAMBURG

Take Me to the Lakes – Hamburg Edition

978-3-9818497-0-7

Take Me to the Lakes – Weekender Edition Hamburg

978-3-947747-00-9

LEIPZIG

Take Me to the Lakes – Leipzig Edition

978-3-947747-03-0

VORSCHAU 2020

Take Me to the Lakes – Berlin Edition 2.0

978-3-947747-05-4

Folgt uns auf: ⓞ takemetothelakes
Blog & Shop: www.takemetothelakes.com

THE GENTLE TEMPER